VISUALIZING TAIWAN:

Life Stories

看得見的臺灣史

人間篇

30件文物裡的人情與世事

國立臺灣歷史博物館－策劃

石文誠－主編

目錄

主題一 ✦ 多元臉譜，大時代之人

主題二✦百工行業，職人大集合

主題三✦人群往來，複合的人群

主題四 ✦ 引路之人，開闢新道路

書系總序

看見臺史博，發現新臺灣

國立臺灣歷史博物館（以下簡稱臺史博）作爲典藏島嶼人民生活經驗與歷史記憶的首要機構，在「大家的博物館」的願景使命與「文化平權、知識平權」的理想信念下，在過去從籌備到開館二十多年來，已經累積了十四多萬件的文物，並舉辦超過七十場的特展。我們的常設展「斯土斯民：臺灣的故事」也在閉館十五個月後，於二〇二二年一月八日正式推出「交會之島」的更新展。「如何讓臺史博豐富的文物、紮實的研究、精彩的展示，以及各種實體和線上的學習資源更即時、更有效與更有趣地被更多人看見、欣賞及利用，進而展現具有臺史博特色及代表性的品牌形象？」正是全體館員同仁們共同思索和努力的目標。

「看得見的臺灣史」書系是本館同仁們回應上述課題的首度嘗試，大家結合了館藏文物研究、跨領域共筆及史普書寫的多重途徑，來面對大眾讀者的閱讀需求和品味。全書系規劃爲「空間、時間、人間」三部曲形式，每本作品選擇三十件代表性文物進行介紹敘事，並由各篇主編撰寫導讀。作者群除館內同仁，亦邀請相關領域學者專家參與，希望能達成「好看、好讀、好珍藏」的目標。

本書系首先推出的第一冊「空間篇」，以館藏地圖資料爲主要文物類型，各篇作品的編排兼顧通史時序及特色專題。第二冊「時間篇」從生活與文化入手，討論傳統歲時節慶、現代性時間觀、朝代政治更迭、以及集體與個人的時間記憶等專題。「人間篇」則呈現臺灣複雜的移民歷史與殖民經驗，從多元族群觀與社會生活史的視角來述說島嶼人群的動人故事。

整體而言，「看得見的臺灣史」書系是本館藏品研究與轉譯應用的集體努力，更是同仁們推動博物館歷史學的重要成果。作者群們從文物的生命史著眼，討論物件的歷史價值、物件轉換流通的過程、物件的材質特性、乃至於物件作爲博物館與社會連結的功能與意涵等多元面向。此一物件導向的規劃（object-oriented programming）目的，在於指出博物館歷史學不同於傳統文獻實證史學的特質，從而凸顯在博物館作歷史（doing history in the museums）所具有的公共性格、社會脈絡與時代精神。

面對當代博物館思潮、後疫情社會以及國際地緣政治的多重變局，臺史博將以新思維、新團隊與新行動，讓世界看見臺史博，發現新臺灣。

國立臺灣歷史博物館館長

張隆志

導讀一

歷史中的人情與世事

國立臺灣歷史博物館副研究員　石文誠

「人世間」與「世間人」

這本書是《看得見的臺灣史》書系的第三本，定名爲〈人間篇〉。《看得見的臺灣史》書系是要透過臺史博館藏文物爲出發點來探看臺灣史，前二本爲空間、時間的視角，這次談的是「人間」。「人間」顧名思義，談的是「人世間」的故事，也就是人的故事。當然「世間人」百百款，這本書也僅提出了三十個物件裡「世間人」的故事。大家可能會注意到，我特別把「人世間」與「世間人」這二個概念加上前後引號，其實這就是我對於「人間篇」主題策劃發想的一個源頭。

一開始發想〈人間篇〉的時候，我把腦海裡可以搜尋得到有關「人間」的關鍵字，好好想了一遍。當時我想到一首我那個時代的流行歌〈人間〉，王菲歌中有一句這麼唱道：「天上人間，如果眞值得歌頌，也是因爲有你，才會變得鬧哄哄。」確實是啊，就是因爲有不同個體的存在，組成了多聲道的複合人群社會，所以值得歌頌的就是多元跟差異。這給了我靈感，人間篇要談論、歌頌的正是一個鬧哄哄的多聲道臺灣社會與歷史觀。

之後我又搜尋到莊子的著作，是我們知道的莊子沒錯。《莊子》書中的第四篇是〈人間世〉，「人間世」所探討的大致就是人跟人之間所發生的關係世界。我對莊子思想沒什麼高深了解，如果莊子的〈人間世〉談的是人與其所處世間的關係，也就是人怎麼處於世間，安身立命的方法是什麼？這樣解讀的話，「間」可以看作是動詞。相對「人間世」，我接著想到「世間人」的概念。「世間人」可以是個名詞，但也可以有「間」這個動詞意涵在內，也就是外在世界、外在環境如何改變影響人的生活。所以人之「間」於世、世之「間」於人這二個概念，恰好可以扣合這本書想要談的核心課題：人如何處世？世界又如何影響了人的生活？

大時代下，人如何處世？

〈人間篇〉書中的第一個大主題是「多元臉譜：大時代之人」，這個主題下有十篇專文。藉由這十篇文章，可以讀到大時代影響下的十個個體的生命故事。在大時代大環境的轉折、變化下，個人要怎麼處世？做出怎樣的改變跟選擇，又或是只能被時代浪潮推著腳步快慢不一的前行？此主題下有一八七四年牡丹社事件時，被日軍俘虜帶到日本，並且受日本化教育的排灣族少女阿臺（Aljuy）。也有一八九五年乙未戰爭後，選擇離開臺灣內渡回中國的高官大員跟有錢紳商，更多的則是無法離開的普羅百姓們。一九四五年死於日本長崎原爆的臺灣青年蘇百齡的故事，以死爲生，文中所附日本長崎警察署發出的蘇百齡死亡證明書，讓蘇百齡的短暫人生故事再次活了過來。一九四七年陳澄波臨死前所寫的遺書，則訴說了他離世前的最後時刻，想跟家人、跟社會說些什麼。遺書中陳澄波沒有把絕望與恐懼傳達出來，他希望大家要保持希望好好的活下去。大時代的悲歡離合，或是沈重的氣壓讓人喘不過氣、看不到希望時，陳澄波遺書一文中作者寫道「極度黑暗中，仍有微光閃爍」，那個閃爍之光，就是人性之光。當集結衆人的光亮，那個集體之光將能照亮黑暗時代。

從「人物」到「人群」的故事

本書的第二個主題是「百工行業，職人大集合」，透過各個行業職人的維生工具與相關物件，可以看到各種各樣的「人物」故事。「人物」這個概念我是這樣看，有「人」有「物」方形成人物。所以職人的主題談的是許多的「人物」故事，當中多數人是平凡的「小人物」，但卻能具體的體現大時代。此主題下有拿著堪輿、符咒簿的風水師；清代衙門內負責舉牌抬轎的官差；清末臺北大稻埕的揀茶女，還有補碗、打製銀器、撐船運貨、編織、製麵等各種行業的職人與物件所交織出的故事。這些百工行業的職人及其所包含的一整套技術、技藝的物件知識，其實是從事博物館工作的我們，需要去面對及思考如何整體保存的課題。單一個物件保存不困難，但背後一整個技術史、社會生活史的保存才是挑戰。

職人之後，第三個主題是「人群往來，複合的人群」。從各個人物再擴大到人群、群體的概念。此主題有著介紹十六、十七世紀來到臺灣的東南亞人士，被漢人歧視貶稱爲「烏鬼」。還有館藏清代的二塊木籤，見證屏東排灣族望嘉部落與枋寮地區漢人的交易行爲與族群互動關係。西拉雅原住民所保留延續至今的織品與刺繡技藝，同樣也見證族群文化交會縫合的痕跡。還有十九世紀末來到臺灣傳福音的宣教士，其實也是不時會遇到不同文化觀之間的碰撞與內外在的衝突。戰後馬祖列島被劃入成爲中華民國的一員，馬祖人被迫連結語言不通且遠隔大海的臺灣，被迫成爲持續往來臺馬之間的一群人。另外一九九〇年代以後來臺灣工作的東南亞移工，同樣也是一群複合的人群組合，他們也一直在跨國、跨洋間移動往返。

人群中的引路之人

「引路之人，開闢新道路」是本書第四個主題。以此做爲結尾，我們思考的是，人群中是哪些人引領了社會的變革，這些人的處世常是在艱難的世間作突破，試圖要去改變常規跟脫離常軌。此主題下我們看到十九世紀台江內海土地逐漸浮覆後，來此闢墾的先鋒者邱氏家族。十九世紀中後期來到臺灣的西方博物學家跟自然學者們，是臺灣自然史研究的先驅。一九三〇年代日本人北浦義三爲了改善環境、防治瘧疾，在臺東進行排水路的建設整備。

一九八〇、九〇年代以後挺身而出的同性戀族群，則推動臺灣往更平權的社會前進。〈與神共同防疫的人〉作爲本書的最後一篇，透過 Covid-19 疫情期間的廟宇防疫公告，訴說臺灣社會神與人共同防疫的過程。

歷史是以世事傳達人情

《紅樓夢》裡有句話：「世事洞明皆學問，人情練達卽文章。」這句話大意是說要做到「洞明世事」、「練達人情」，就像做學問和寫文章一樣，非常不容易。實際上要做到明瞭「人情世事」，可能是比做學問寫文章來得更困難複雜多了。我們雖透過做學問、寫文章的方式講了「三十件文物裡的人情與世事」，但書中談到的不同個體與群體的故事，他們眞實所面對的人生課題可能遠比我們現在所能知道跟想像的還要更複雜得多。「人情世事」其實無法眞的「看透透」，也無法「陪夠夠」，重要的是，我們希望讀者們可以在這本書中感受到我們所講述的許多「世事」，感受到我們想到傳達跟延續的屬於臺灣的「人情」。這些人情因爲我們在歷史跟文物中感受到了，也感動了我們，希望傳達給大家。

導讀二

寫給意猶未盡的人們

國立臺灣師範大學臺灣史研究所副教授　陳志豪

我會這麼讀這本書

電影散場時，我們常見人們互相談著剛剛看的某個段落、某個細節。有時，我也會看到離開博物館的人們，意猶未盡談論著剛看到的展示文物，我常想前去搭話，聊聊我的想法，卻總怕犯了「好為人師」的職業病。現在，《看得見的臺灣史．人間篇》出版後，那些來參觀或即將來訪臺灣歷史博物館的朋友們，便有了開啟或繼續這趟博物館行程的讀物，不論是在出發前或參訪後的意猶未盡，都能獲得最適切的輔助。我想，這本讀物正是一群熱情、專業的博物館工作者，寫給意猶未盡的人們，讓「人間」有一本能和別人聊著，也能自己慢慢讀著的好書。但我不打算每篇文章都逐字逐句閱讀，我會想像這本書是一場展覽，所以這篇導讀想和大家分享，自己如何在展場裡漫步徐行。

當我作為參觀者時，通常會先花點時間在展場的入口，仔細閱讀展覽的主題說明與展示構想。對我來說，館長張隆志寫的書系總序，便像展覽的主題說明，說了這次展覽主題與期望。我讀來感覺《看得見的臺灣史》書系是一座由館員們搭起的橋樑，讓大眾能越過知識的激流，更進一步細看文物的歷史面貌。由主編石文誠寫的導讀，詳細說明了各主題的構想與內容，讓我們看到這次展覽的規劃與構思。對我來說，文誠的導讀便是這場展覽的簡介折頁，讓我可以馬上找到自己想看的展示品。至於我又是怎麼在「人間」展場裡欣賞這場導覽呢？請容我把自己的閱讀經驗，有些抽象地與大家分享。

人間的第一展間：大時代之人

這本書的第一個展間，像是環狀展示的空間，在這個環狀空間裡展示了與不同人有關的文物，這些物品都是他們經歷過的某段歷史。這些歷史像是人的側面照，帶著點陰影，也像我們回望歷史時不免有的感嘆。不管是能留下的隻字片語，或是不能留下的失語空白，都是歷史在人間留下的痕跡。

把這些不同時代的文物放在環狀展間裡並不突兀。作為參觀者，我可以沿著環形一個又一個讀著展間的這些人物的故事，也可以站在展間中央，感受人們走過歷史的痕跡與聲音，就像展間裡的眾聲低語。我想，每個故事都是一段歷史，但我們不必從古到今的排列時序，我們只需透過故事裡，感覺到那個時代留下的痕跡卽可。無論如何，在這個展間裡，我會花上比較多的時間，慢慢閱讀這些文物及其主角，那是他們生命寄託的文物，也是他們用生命經歷過的歷史事件。就像是親臨現場的第一手報導，也許有些主觀，有些不完美，卻是那麼的讓人動容有感。有點重量的故事，往往也是我們需要記得的事。

人間的第二展間：職人大集合

第二個展間在我的想像中，是有三面均等牆面的開放空間。這個展間記錄各個職人的故事，所以文物是均等在這個空間裡同時並陳，每個展版大小也都一致。因此，你可以從任何一個故事開始，從任何一個故事結尾，都毫無違和感。以我來說，便是先看了揀茶的人，在故事中讀到勞動力以及廣告女性的形象，這兩種對照的感覺，讓我很有印象。我總喜歡不按順序的看著這些展示品，但在這個展間，你也不妨按照自己的興趣，跳著閱讀這些文物背後的職人故事，從中找到自己對某個歷史的體驗。

這個展間的故事，不僅是描繪過去的歷史模樣，還寫下與文物有關的職人們。這些職人的故事並不一定專屬於特定某人，有時只是職人們的共同群像，但卽使沒記住某個人名也很好，重要的是，我們知道臺灣社會有這麼一群人，用他的專業支撐起這個社會的運作，讓歷史往前走了下去。臺灣歷史博物館的這些文物，或許有時看似平凡，但只要加上文物背後的職人故事，便能調成一種觀看歷史側面的不同角度。這個角度，或許讓歷史與我們離得更近一些。

人間的第三展間：複合的人群

第三個展間有著黃色的復古燈光，展間或許是個不規則的空間，那是因爲人與人總在某個不經意的轉角相遇。展間可能還有一、兩張地圖，讓我們看到這些文物移動的足跡。人來人往的歷史足跡，常留在文物的細微之處，這是我們需要放慢腳步來欣賞展品的原因。在這個展間放慢腳步後，我們便能從那些吉光片羽，見到文物投射出那些來到臺灣的人們，如何遇見另一群人的故事。

和初識的人往來，我們往往需要一些明文約定，或者信物，才能脫下防禦的盔甲。就像交換時的憑證、介紹自己的名片、出入境的憑證，或是曾在某地留下的紀念物，這些文物證明我們來到臺灣的過程，也見證了我們遇到他者時的場景。我相信你一定曾想過，原住民如何相信那些外來的移民？渡海來臺的移民，第一次遇見原住民又會是什麼模樣？這些歷史的空白之處，正是我們欣賞文物、閱讀資料後得以「想像」之處。這些想像不是爲了隨意的臆測歷史，而是對過去感到好奇，想要多知道一點。我想，這個展間記錄的故事，或許將會是你想要知道更多一點的起點。

人間的第四展間：開闢新道路

來到最後一個展間，我想像是個蜿蜒通道，通道展示那些踏上未知道路的勇氣與歷史。為了更美好的未來而站上浪頭，不免讓人佩服，也不免有些冒險，那都是歷史的開創與見證，或說是驅使歷史往下走的動力。這些道路通常不是筆直的，留下來的也不只有功勳，可能還有些傷痕，但這些先行者總相信在蜿蜒道路的後面，將能見到光明。就像這場展覽的尾聲，我們希望你能帶著這些歷史往更光亮之處前行，讓我們的歷史值得訴說。

每個時代都有著歷史的交會點，我們或許一直都處在這樣的交會點，得有些勇氣往前走。我總是認為那些勇氣不是梁靜茹唱給你的，而是過去的歷史讓我們更有了往前行的力氣。表面上，這個展間還是跟你說了歷史故事，但我猜想，這些故事是要你記得過去，然後有了向前行的動力。我不會說歷史可以作為借鏡這種空泛之詞，但我想請你記得，當你需要一點勇氣時，請往回望向歷史，你便會知道作為臺灣人的「我們」，是這樣一路走過各種挑戰，也是這樣一股傻勁走向未來。

追伸

這本書副標題的「人間」，總讓我想起這個詞在日文的意思，與中文有些不同，於是我刻意想用「追伸」作爲標題，略記一點感想。其實，自己在讀這本書以前，便曾在館內看過這些展示文物，但我在閱讀這本書時，不只是知道了更多以前不知道的事，還讓我有了重新觀看文物的角度。例如，我過去很感興趣的原漢交易木籤，這次知道它原來是一整個完整木片製作而成，這樣的細微之處，讓我有種走到文物背面欣賞的感覺。就好像電影結束後的片尾花絮，讓人有些小趣味，也有助於重新回想。我想，這本書就是這樣寫給意猶未盡的人們，讓人們從這本書的書寫中，重新找到觀賞文物的角度與趣味。

The
ates Islan

主題一

多元臉譜，大時代之人

東京日々新聞
七百卅六號
牡丹を廿日草とい
誰かいひそめし
言の葉のちぐ
はぐ
牡丹女が
晴の衣服ハ
都督府君が
賜物弥重なりて
ひと重にひらきし
行く御代の
御恵み深
き八汐路
海こえて
ゆうてふ小女が
写繪事ハ
新聞誌に委し
百九里山人誌
臺灣牡丹少女
一蕙齋芳幾画
具足屋
渡辺彫栄

01 被展示的人

物件用作展示，在展覽中司空見慣，但「人」被當成展示的物件，你曾見過嗎？十九世紀時，隨著航海技術發展及帝國勢力擴張，不少人乘機前往海外探索，攜回各式各樣充滿異國情調的物種及相關紀錄，「異國人種」也不例外。而且有些「人」還被軍事力量強迫遷居至海外，成為被研究及展示的活體樣品，也被迫改變身份或重塑新形象。

《東京日日新聞》七百二十六號

館藏號 2017.015.0132
年代 1874 年
材質 紙質
尺寸 23.8 公分 × 37.4 公分

畫中的線索

出現在一八七四年六月二十六日《東京日日新聞》畫面中的少女，便是一八七四年日軍出兵臺灣南部恆春半島（通常稱為牡丹社事件）時捕獲的排灣族原住民。少女出身女乃社，時年約莫十二至十三歲，被俘後送往日本東京生活五個月左右，日本人稱呼她為オタイ（音近 Otai，可譯為御臺或阿臺，以下採用阿臺稱呼）。

在這張新聞錦繪中，視覺焦點為阿臺及兩位日本士兵。畫的右後方，是一位朝阿臺方向過來的日本士兵。阿臺正被

◓ 牡丹社事件發生在1874年，日軍以1871年琉球人遇害為由，運用軍事武力攻打臺灣南部部落。日軍自社寮港登岸，沿著四重溪往山區內進軍，關鍵戰役發生在現今屏東縣石門峽谷，當地族人為保護部落在此犧牲。本圖自臺史博VR《Paliljaw 1874》後製。

◒《臺灣嶌石門進擊之圖》錦繪，描繪了1874年的石門戰役，原住民與日軍激烈交鋒。右上角為本件錦繪之標題「臺灣嶌石門進擊之圖」，左上角有繪師「永嶌孟齋畫」之落款，而落款下方為出版商「両国かゝや」之標記。整體構圖方面，圖面右側為日方士兵，他們穿著全藍軍裝、紅衣藍褲軍裝、藍衣白褲軍裝，另有一位穿著紅衣藍褲騎在馬背上的主帥。日軍武器精良，配有步槍、大砲及武士刀等武器，另有專人吹奏喇叭。圖面左側偏後部分，原住民幾乎倒在地上，潰不成軍。遠景是險峻石門峽環繞。（館藏號 2019.031.0053）

◓ 串珠耳環，顏色是鮮豔的，偏向紅色或橘色，推測材質是琉璃珠，但很可能不是屬於部落的製品。南排灣族群的裝扮如右圖，兩耳耳垂會被圓形耳飾擴張。右圖取自臺史博VR《Paliljaw 1874》之設計稿。

兩個日本士兵架住，全身白衣的士兵在阿臺身後扶住她的雙臂，另一位黑衣白褲的士兵以跪姿爲阿臺套上大紅色的浴衣。阿臺留著接近平頭的髮型，耳朵上帶著偏橘紅色的垂珠耳飾，她高舉的右手，掛著金黃色的手鐲。她頭部低垂著，面色似無表情又似無奈。

阿臺在此錦繪的裝扮相當值得探究。關於這點，本件《東京日日新聞》上方文字，提到西鄉從道都督贈送阿臺這一身的漂亮衣服。不過，阿臺穿上和服的過程，包含是誰幫她套上、整個過程又花費多少時間，我們已經不得而知。我們僅能合理推測，她第一次穿上的時候，應該是不懂怎麼把多層次的和服逐一穿上身。至於阿臺穿和服的情境是否如畫中所繪，由兩位男性日本士兵協助穿上，目前也無從而知。

此外，阿臺的橘紅色雙珠耳環及金黃色手鐲，亦有可能是日軍爲她打扮的。依據部落耆老口述及目前出土的陪葬物件，南排灣族群最具辨識度的特色之一，即「大耳」，耳垂部分會被圓形的耳飾撐大，不同於圖像中的垂珠耳環。另外，手鐲傳統的形制上是比較寬的，不會是圖像中細長且垂墜兩顆金黃色小珠的飾品。

誰的「阿臺」？

阿臺在錦繪內的裝扮，被賦予什麼樣的意象？從阿臺在日本東京的經歷，也許可以推知一二。日本東京的老師表示，阿臺學習語言、裁縫及教養等三大類課程，一個月內就略通日本應對進退的禮儀，還學會簡單的日文對話。所以說，穿著和服的原住民女孩阿臺，符合日本政府對於阿臺接受日式教化的形象宣傳。

而協助製造阿臺形象者，繪師爲一蕙齋芳幾，本名落合芳幾。他是幕末至明治初期非常活躍的錦繪畫家，也是《東京日日新聞》的發起人之一。事實上，

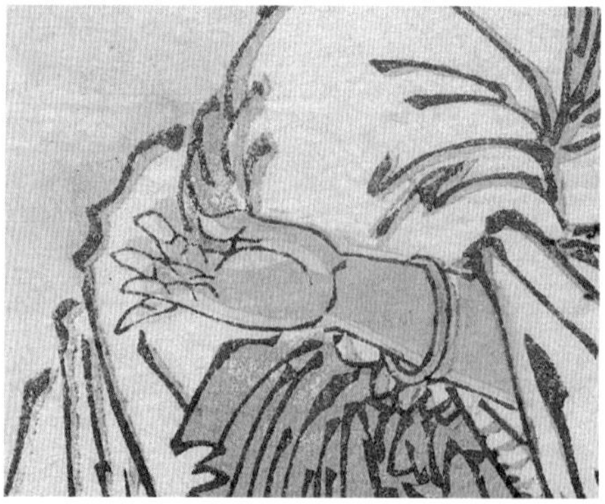

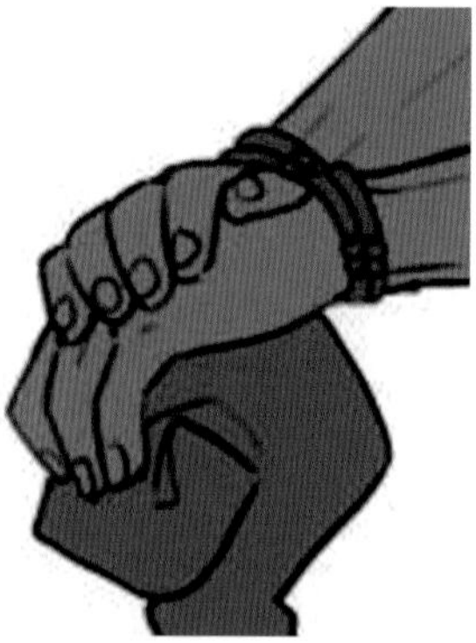

手鐲顏色是金黃色的，推測材質為金屬。南排灣族群傳統手鐲如右圖，寬度上不會那麼細。右圖取自臺史博VR《Paliljaw 1874》設計稿。

◓ 本圖描繪1874年牡丹社事件，日軍憑著強大的火力，迫使原住民投降。不過繪圖內容恐怕不是真的，如當時原住民已用火槍自衛，但圖中以冷兵器為主。有位部落耆老回憶口述，一百多年前，僅僅是自己的家中，即有上百把火槍。（館藏號 2019.031.0056）

◒ 龍傑特繪《被俘虜的牡丹原住民》，展現西方對於1874年受俘牡丹原住民的描繪。本圖收錄於瑞克魯斯（Elisee Reclus）所著的《世界地理學》（*The Universal Geography, Earth and its Inhabitants*）的第7卷（281頁），指出1874年時數名牡丹原住民被日軍帶到東京，並留下了這幅黑白畫像。雖然圖像沒有顏色，不過文字表示他們穿著藍色棉衣，帶著銀手鐲，並掛著竹製耳飾。（館藏號 2002.006.0105）

FORMOSAN TYPES AND COSTUMES—BUTAN CAPTIVES IN JAPAN.

◓ 自日本返鄉的阿臺，佇足家屋當中，回憶著過去，圖片取自臺史博VR《Paliljaw 1874》。

在新聞錦繪的製作上，繪者很可能沒親眼見過眞實的人物與場景，而是透過口耳轉傳、文字紀錄來繪製作品，也有可能靠著想像完成畫作。

而阿臺的族人怎麼看歸來的阿臺呢？依據部落耆老回憶，阿臺返鄉後，不久卽因難以適應，而抑鬱離世。「難以適應」的說法，十分含蓄，實際情況我們可以從兩則故事推知一二。據族人述說，阿臺回家之後，不時與部落族人分享在日本時學到的「新知」，想要改變族人的傳統生活方式。亦有族人提及，阿臺在牡丹被稱爲**Vayayun**，在族語中，是「不檢點的女人」之意。從兩件有關阿臺的記憶推論，很可能是因爲日本生活，阿臺的價値觀有了改變，而沒去過日本的族人一時之間很難理解阿臺爲什麼變了，而無法接納歸來的阿臺。

除此以外，有個部落傳說也值得加以深思。聽說位於女乃社邊緣的屋舍，住著「用眼睛殺人的異能者」。附近的族人，非但走避之，也避談之。有位族人推測，異能者的傳說，反映族人印象中的阿臺，一個被部落隔離，且令族人畏懼的怪物。

錦繪中，膚色較深者是臺灣南部的原住民，身形健壯；而被揹在身上的，是曾報導牡丹社事件的日本記者岸田吟香。（館藏號 2019.031.0055）

今日的阿臺

二〇二二年臺史博爲製作牡丹社事件爲主題的虛擬實境《Palilljaw 1874》，在部落進行查訪。族人很希望不要再使用「阿臺」、「Vayayun」或「用眼睛殺人的異能者」等他者視角下的名字來稱呼這位女孩，而是採用眞正的族名 Sauljaljiuy 或小名 Aljuy。有關族人對於女孩眞名的討論，是尋回這段一八七四年歷史的追索痕跡。

與此同時，我們也注意到，在部分族人的心目中，「阿臺」象徵著族人在一八七四年牡丹社事件前後的變化，族人如同阿臺從一個未諳世事的單純孩子，轉化爲一位見過世面的成年人。而且更有族人表示，阿臺歷劫歸來，印證她是「很有勇氣的女孩」。

「阿臺」的多變形象，反映了不同視角下的牡丹社事件，也是不同時代的部落族人對同個傷痛記憶的多元詮釋。「阿臺」的故事，是持續討論也好，是激烈爭辯也罷，全部都會成爲大家共同追索這段一八七四年往事的歷程。（張安理）

《Paliljaw 1874》的主視覺，阿臺望向遠方的石門山谷中太陽，象徵族人在戰亂後重生，重建家園。

東京日々新聞
七百廿六號
臺灣牡丹少女

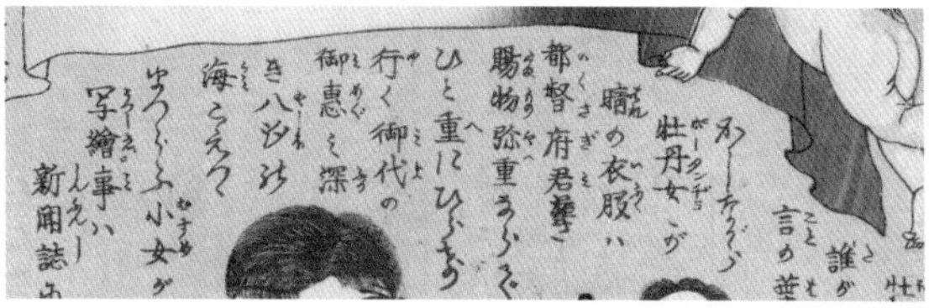

文字陳述阿臺身上的漂亮衣服是西鄉從道都督贈送的，且衣服寓含著都督深厚的慈愛。

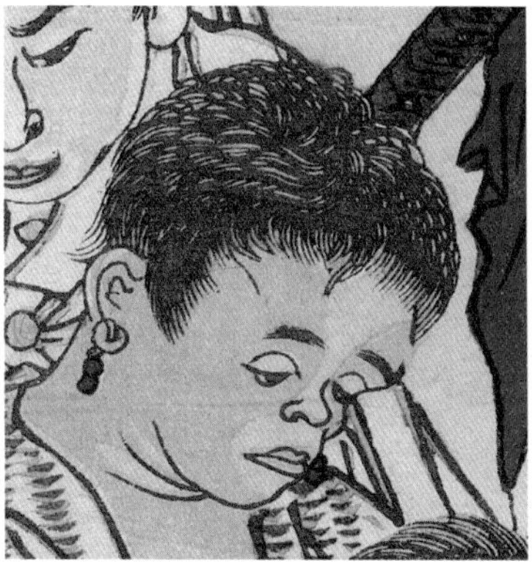

阿臺的面容特寫

一蕙齋芳幾的落款

延伸閱讀

・陳萱，〈牡丹社事件隨軍記者岸田吟香的臺灣原住民紀錄——以「臺灣信報」爲中心」，《原住民族文獻》十八期（二〇一四年十二月，臺北），頁三六—四一。

・羅伯特・埃斯基爾森著，林欣宜翻譯，《「臺灣出兵」與日本帝國主義的誕生：日本與東亞的帝國轉型》。臺北：臺大出版中心，二〇二一。

破除情面力挽危局事照得台灣現為民主之國良非得已実係處此倭恨台民已經
切骨所以基隆開仗即因此也本郡辦此次到郡以來不過數日喜民情之鎮定無事
杞憂觀內渡之倉皇當圖棒喝生死早定避地徒勞忠信可憑過海何患事已如此其不
足論惟國有民主之名政事悉新之法情面悉願破除良莠亟應分別無論紳民郊商人等
如有不念時事艱難而載錙銖遠避置身家於不顧作局外之逍遙凡有人心無不痛恨斷難
逃夫耳目查出即予拘拏即有代為容隱者查悉亦不寬饒謂之通匪有何不可此外更有
拖欠公項與夫犯事罰鍰在所不無亟應速繳如果心存希冀緊守慳囊即着法辦從嚴
定行破產本郡辦怨尤是任可告鬼神民主國支拄能全何虞萬秋合行切実曉諭為此
示仰闔郡人等知悉頭回是岸自然履險如夷手挽狂瀾豈憚流長肆短務要前非猛省共
守巖疆無俟棘手相拖更貽物議言出法即隨之其各凜遵毋違特示

光緒二十一年五月十六日給

告示

実貼曉諭

02
離開的人

劉永福爲臺灣民主國成立曉諭臺灣人民告示

館藏號 2014.011.0005
年代 1895 年
材質 紙質
尺寸 59 公分 × 61.4 公分

六月，初暑乍到，當這個月份來臨，綿延的雨和高升的氣溫，使臺灣島的氣候逐漸沉悶起來。不過在一八九五年的這個六月，沉悶的或許不只是天氣而已。

一八九五年六月六日（陰曆五月十五日），一道令劉將軍皺眉吁嘆的消息傳來：基隆陷落了，唐大總統不見人影，兵敗的民主國士兵逃回臺北城內，肆意破壞掠奪。劉將軍很清楚，接二連三的噩耗正消磨著這座島的居民，有人計畫著攜家帶眷逃離，有人密謀著抵抗，更多的人則是害怕即將被異族統治的將來。爲了安定民心，六月七日（陰曆五月十六日），劉將軍發出一則告示，正是本件文物「劉永福爲臺灣民主國成立曉諭臺灣人民告示」（以下簡稱曉諭臺灣人民告示）。

黑旗將軍劉永福

劉將軍，即是那位在清法戰爭中以統率黑旗軍打響名號的劉永福。一八九四年，日清戰爭爆發，時任南澳鎮總兵的劉永福便被派至臺灣協防，紮營臺灣南部。不過，此戰的結果衆所皆知，清國敗北，簽下《馬關條約》，割讓臺澎予大日本帝國，徒留臺灣居民難以接受的事實。以丘逢甲爲首的士紳階級不願臣服異族統治，加上當時朝廷內部份大臣對於割讓臺灣一事同樣不滿，然而條約已簽，清朝的角色無法再進行干涉。一八九五年四月，俄、法、德三國干預使日本歸還遼東半島後，時任兩江總督張之洞等人建議末任臺灣巡撫唐景崧可以民意不服爲由，宣布自立，並請求列強的庇護。唐景崧雖想逃回清國，但激憤的民眾不放行，只得與丘逢甲等人共謀獨立之計。同年五月二十五日，臺灣民主國成立，由唐景崧擔任臺灣民主國首任大總統，劉永福則被推爲大將軍，兩人分別坐鎮臺灣南北。在唐景崧內渡之後，劉永福便成爲留臺官員

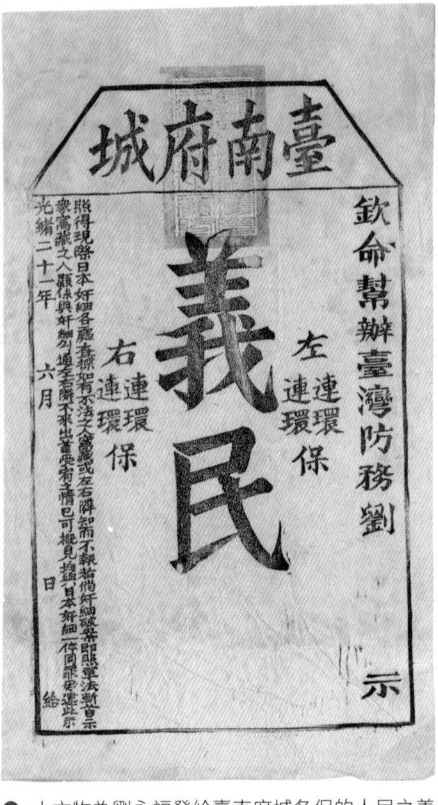

本文物為劉永福發給臺南府城各保的人民之義民牌，主要為治安功用，採行連坐法，如知日本奸細不報者便與其同罪，照軍法斬首。（館藏號 2014.011.0016）

愛蓮生繪劉大將軍擒獲倭督樺山斬首全圖。劉永福被清國的文人和畫家寄予厚望，甚至還出現擒獲日本軍首領樺山，並將其斬首的想像畫像。（館藏號2018.011.0019）

中位階最高者，由他接任臺灣民主國領導者一職頗爲合理。

「逃跑」，有何不可？

「曉諭臺灣人民告示」中的一些用語，透露許多當時人們的想法。明清時常以「倭」稱呼日人，富有歧視意味，本告示中同樣有「倭恨臺民」的字眼，然而今日臺灣島民卻要屈身於「倭」的統治，群衆的反感可想而知。

除了劉永福本身的象徵意義，「曉諭臺灣人民告示」也傳達出幾項當年臺灣島民的徬徨與抉擇，其中，「內渡」二字就足以說明著當時較有社經地位群體中的一種社會現象。

「內渡」，意爲渡海離臺返至清國，在《馬關條約》簽訂以後，清廷即要求任職臺灣的文武官員返回，儘管臺灣居民多希望這些官老爺們能留下共同面對接下來難熬的局面，但絕大多數人仍選擇逃回清國，不願共淌這灘混水。除了來自清國的官員外，臺灣的一些名門望族也鑒於時代的變動，決定帶上家人與錢財離開養育自己的這片土地。例如板橋林家族長林維源，曾被邀請擔任臺灣民主國議長，但並未就任，而是攜眷前往廈門鼓浪嶼避風頭。另外，霧峰林家林朝棟也在日軍進占臺北城後，感嘆大勢已去，內渡至廈門。

不過，仍是有一些紳商選擇留在臺灣，分別靠向臺灣民主國或殖民者日本。臺南善化一帶大地主陳子鏞捐獻白銀四十萬予臺灣民主國作爲軍費，出任籌防局長，並招募民勇千餘人於曾文溪南岸與日軍發生激烈衝突。

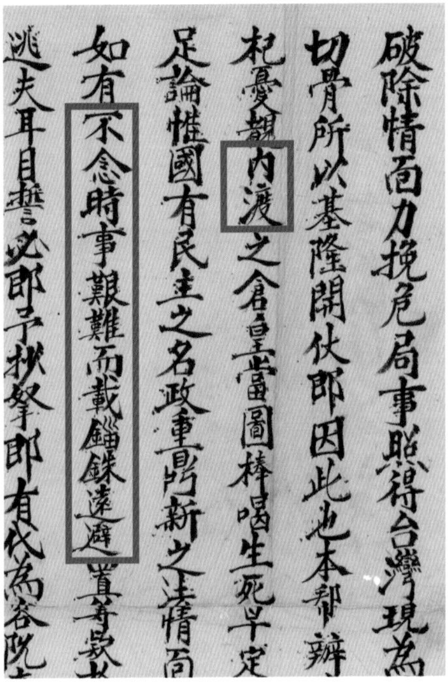
破除情面力挽危局事照得台灣現爲
切骨所以基隆開仗即因此也本部
杞憂與內渡之倉皇當圖捧喝生死
足論惟國有民主之名政重局新之
如有不念時事艱難而載錙銖遠避

告示中關於「內渡」與「不念時事之艱難而載錙銖遠避」的文字。

辜顯榮相較陳子鏞，則是光譜另一端著名的例子，其受臺北紳商委託，爲穩定臺北城內動盪不已的慘狀，冒險前往日軍營地交涉，盼日軍能儘速入城，壓制城內不安分的暴徒。

「內渡」一詞之外，告示中也有「不念時事之艱難而載錙銖遠避」的字眼，意爲告知紳民或郊商，應當共體時艱，而非只因顧忌個人錢財的安全就選擇遠離避災。這看似些微情緒勒索的用語，倘若以反面意思觀之，似乎就代表著「載鎡銖遠避」這樣的情形於當時層出不窮，才讓劉永福需要特地落於告示，告誡全體臺民。

然而，保護自己不過是人之常情，當時的臺灣讓人民感受到的無非就是未知與不安，若擁有能夠遠離災厄的能力，逃跑未嘗不是一種合理的選項，更別說，劉永福自身最後也同樣選擇了內渡這條路。

黑旗軍曾是叱咤一時的勁旅，然而在劉永福駐臺後，原先的舊部多已老弱汰換，新募營兵又訓練不足，導致戰鬥力欠佳，難以與日軍抗衡。樺山資紀曾於一八九五年六月勸降劉永福，卻遭其嚴正回絕，但隨著北部、中部陸續陷落，嘉義也於十月初被攻下，劉永福只好主動向日軍提出議和，但和談未成。見和談無望，劉永福便於十月十九日以出兵安平港、巡視砲臺爲由，搭上英籍

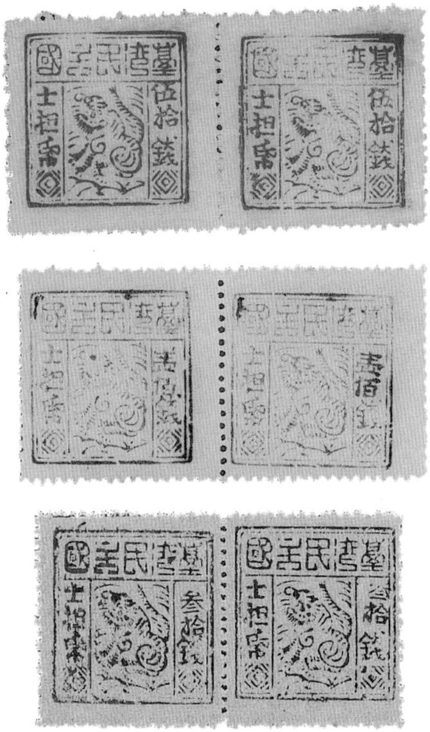

臺灣民主國郵票第三版雙連一套。劉永福幫辦臺灣民主國政務時，因缺乏經費，曾發行股份票與郵票，盼填補財政缺口。（館藏號2004.002.0010）

臺灣八卦山激戰。此幅為梅堂所繪之錦繪想像圖，由村上豐次郎於1895年發行。吳湯興等人率領的義軍在八卦山與日本近衛師團發生激烈衝突，最終義軍幾近全軍覆沒。（館藏號 2019.015.0125）

商船「爹利士號」（Thales）內渡回清國。

留下來的那些人

有能力的少數人逃走了，那無法離開的多數人呢？

乙未之際，能夠攜家帶眷內渡清國的人畢竟是少數，絕大多數的臺民日夜生息皆與此片土地接壤，有的家境狀況並不優渥，他們沒有內渡的本錢，有的則是生計與土地密切相關而選擇留下來。因此，留下來持續承受不安，便是不可迴避的命運。

面對這樣大時代的變遷，每個人選擇面對的方式都不同，有些人選擇反抗到底，如竹苗一帶的客家領袖吳湯興、徐驤等人，成爲日軍平定臺灣過程中最頑固的絆腳石；也有人乾脆「欠公項與夫犯事罰緩」，就如「曉諭臺灣人民告示」中所提，不繳付應付的罰緩及公項費用，以僥倖心態在動盪的時局中偷生；甚至有些人開始相互猜忌，質疑身旁人爲通敵的奸賊，最後爆發不可挽回的流血衝突，如麻豆基督長老教會事件，便有十九人遭殺害，原因只是「傳言」基督教徒私通日軍。

大時代的洪流襲向臺灣島上生活的每一個人，面對這場洪流，人們會做出或被迫做出什麼選擇，似乎就是由各自的社會資本與地位參酌後得出的結論。臺灣人因應自身的各種考量，做出了自己的決定。（張鈞傑）

延伸閱讀

- 黃昭堂著，廖為智翻譯，《台灣民主國研究：台灣獨立運動史的一斷章》。臺北：前衛，二〇〇五。
- 陳俊宏，《禮密臣戲說台灣民主國》。臺北：南天，二〇〇三。

義顯歷史

巻下

03

攻打臺灣的人

伊富貴石松《義顯歷史》

館藏號 2020.029.0002
年代 推測為 1901 年
材質 紙質
尺寸 19.8 公分 × 26.9 公分

出征就是生平第一次出國

日本在明治維新後，開始實施徵兵制，成年男子都有服兵役的義務。一八九四年清日甲午戰爭爆發時，軍隊除了軍士官外，都是由這些徵召而來的士兵擔任軍隊主力。對這些日本從軍士兵而言，清日戰爭與隨後的乙未之役是他們多數人人生第一次的出國體驗。而且當時日本的義務教育普及，這些士兵至少都有受過小學教育，具備書寫書信或日記的能力。臺史博在二〇二〇年購藏名爲《義顯歷史》的從軍紀錄就是一名日本士兵所留下的資料。內容從一八九五年（明治二十八年）三月二十四日到一九〇一年（明治三十四年）十一月十四日爲止。

從軍士兵的生平與從軍紀錄

這名士兵名叫伊富貴石松，出身於日本滋賀縣阪田郡伊吹村（今米原市）。他寫作的這本《義顯歷史》手稿，臺史博收藏的是卷下，顯然還有卷上，但收藏家僅有收藏卷下。他在進入部隊時是陸軍步兵一等卒，到了攻打臺灣不久後，升為上等兵，並以此身份退伍。從這本手稿的第一頁有「筆生動八等伊富貴石松」字樣，推測這本手稿至少是他因為攻打臺灣戰功，於一八九五年十二月二十七日被授與敍勳八等瑞寶章後開始書寫的。這本手稿非常詳細記載每日的戰爭路線與經過，推測在撰寫手稿時，應該有所依據。日本軍隊都要求需撰寫戰鬥詳報及戰鬥日誌等資料，而且各部隊至少以聯隊為單位都會有撰寫聯隊史的傳統，推測他在撰寫時，除了自身記憶跟手邊資料外，也有參考相關的資料。

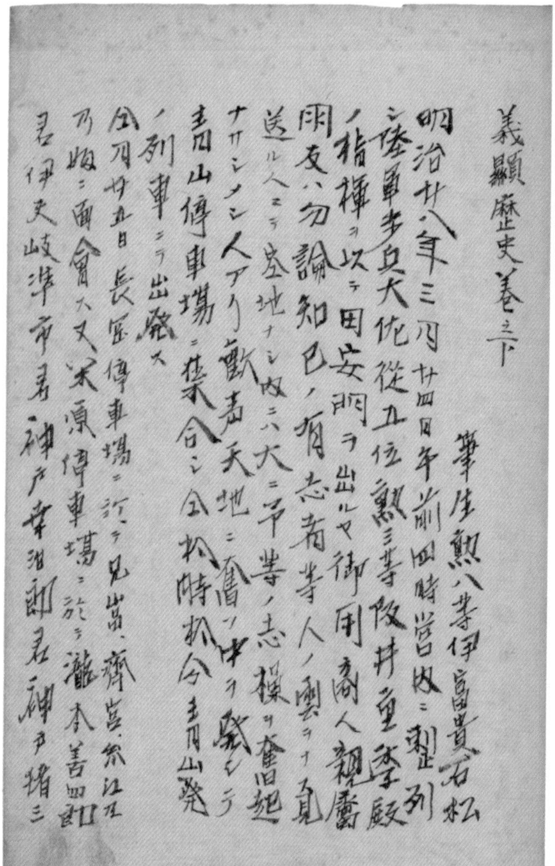

義顯歷史巻之下　筆生勲八等伊富貴石松
明治廿八年三月廿四日午前四時営内ニ整列
シ[illegible]單歩兵大佐從五位勲三等[illegible]井重季殿
ノ指揮ヲ以テ田安門ヲ出ルヤ御用商人親屬
朋友ハ勿論知己ノ有志者等人ノ雲ヲナシ見
送ルノ人ニテ[illegible]地ナシ内ニハ大ニ予等ノ志操ヲ奮起
ナサシメシ人アリ歡声天地ニ轟ツ中ヲ[illegible]シテ
青山停車場ニ集合シ仝[illegible]時[illegible]分青山発
ノ列車ニテ出發ス
仝月廿五日[illegible]停車場ニ於テ見當ス齊宮[illegible]
乃[illegible]ニ面會ス又米原停車場ニ於テ瀧本善四郎
君伊丈岐準市君神戸常治郎君神戸猪三

《義顯歷史》卷下首頁，內有「筆生勳八等伊富貴石松」字樣，從1895年3月24日，軍隊於東京集合出發開始記起。

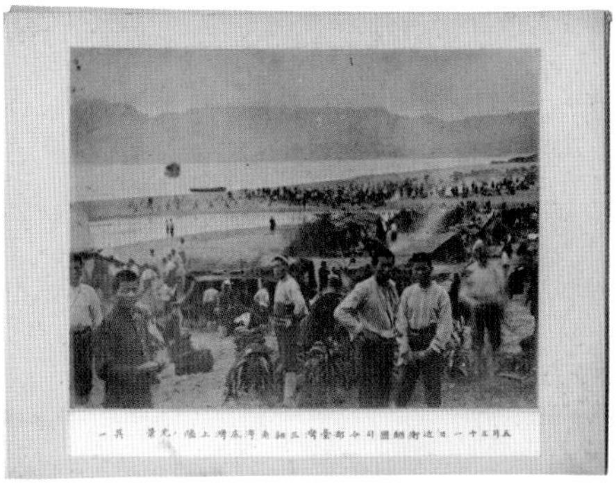

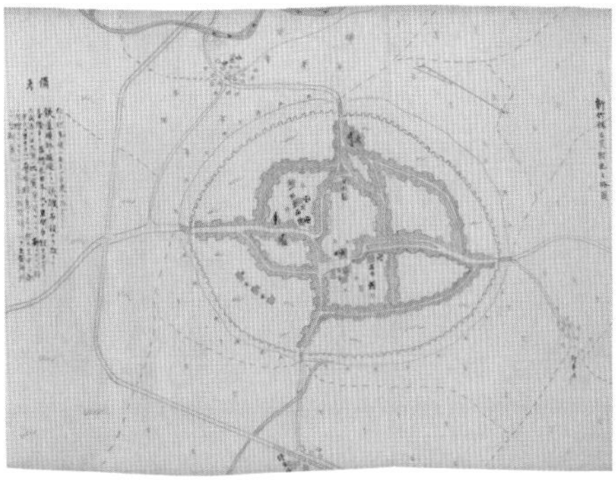

◐ 此為5月31日近衛師團司令部於臺灣三貂角澳底灣登陸之光景，伊富貴石松所屬軍隊第一批登陸的登陸掩護隊，因此比司令部更早，於5月29日下午就登陸。（館藏號 2020.006.1242.0002）

◑ 新竹及其附近之略圖，此為伊富貴石松手稿中所附的戰鬥地圖，推測為其從戰鬥詳報等資料或草稿中轉繪。

不同於官方戰史的從軍記

不同於戰史資料被層層過濾，這種基層士兵的從軍紀錄往往可以看到更多歷史細節。從手稿並綜合相關史料可知，伊富貴是隸屬於近衛師團（師團長北白川宮能久親王中將）近衛步兵第一旅團（旅團長川村景明少將）近衛步兵第二聯隊（聯隊長阪井重季大佐）第一大隊第一中隊第一小隊第一分隊。

他所屬的軍隊，一路從五月二十九日澳底登陸後，經過基隆等地，一路往南，最終到臺南城。依照手稿，他在進入新竹城後，於七月十日遭受到反抗軍的反攻，反抗軍的砲彈攻擊城內宿舍，然後日軍迅速應戰，伊富貴說砲彈從他頭上一公尺處驚險飛過。日軍反擊時，伊富貴描述反抗軍退至宛如軍營一般的民家，從設置於土壘中的銃眼射擊，民家的防禦設施宛如城堡，最終日軍不得不用火攻的方式，才得以使反抗軍屈服。此即清代臺灣爲了治安因素，民居通常種植刺竹，並於民家內設置銃眼防範盜匪。事後整理戰場時，其部隊有十二名死亡，八十四名受傷，反抗軍則有五百餘名戰死，受傷者不詳。伊富貴的記載相較於《日清戰史》描述的戰死者爲下士卒四名，負傷計六名，兩者有很大的落差，或許正式戰史在編纂之際做了許多「調整」。

執行最高機密任務及慶祝天長節

根據伊富貴的紀錄，日軍在攻陷臺南後，臺灣總督獻給了北白川宮能久親王一首軍歌爲〈親王滿〔萬〕歲〉，內容爲近衛師團從五月登陸後，遇到「無知」客家、共和黨（按：指臺灣民主國黨羽）與黑旗軍，並歷數諸如八卦山等戰役，最終劉永福逃走。

伊富貴在手稿中，描述十月二十八日北白川宮能久親王過世，他所屬部隊於二十九日護送靈柩至安平港，他特別在紀錄上敍明此事爲「至極機密」，顯然日方決定密不發喪。他因此而得以散步於安平港，他

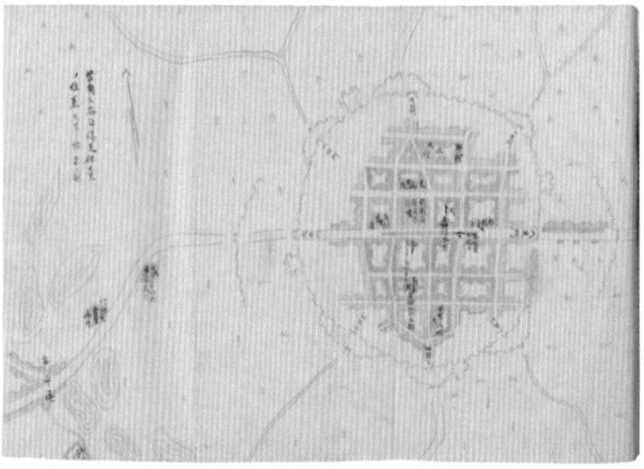

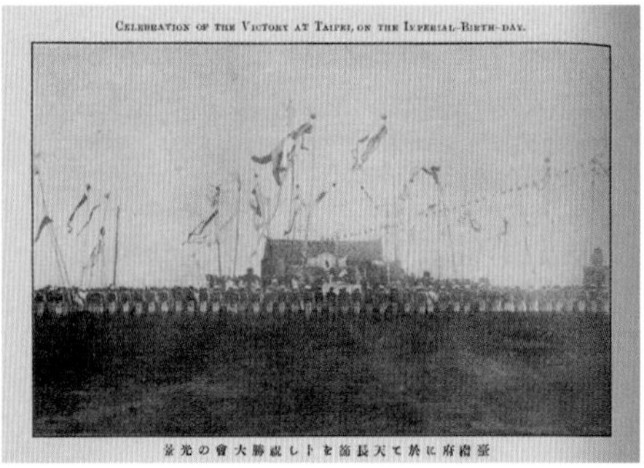

◐ 臺南及安平港與其砲臺位置圖，為了讓讀者瞭解臺南府城與安平港之間相對距離，伊富貴特別繪製此圖。

◑ 於臺南府天長節祝勝大會光景，此為攝影師拍攝日本於占領臺南後，慶祝天皇生日及全臺大致底定的慶祝大會，收錄於《征臺軍凱旋紀念帖》。（館藏號 2001.008.0103）

描述安平地形如同日本廣島宇品，市街清潔如同散步於神戶、橫濱海岸一般。

伊富貴特別描述於十一月三日慶祝日本的天長節（即明治天皇生日），還特別頒發日本酒及菜餚，允許於軍營內飲酒，惟不得弄亂軍旗紊亂軍紀，也顯示日軍內部重視軍紀的部分。

戰死與存活的士兵

日軍占領臺南開始進行人員調查時，伊富貴留下了所屬第一分隊人員增減的珍貴紀錄，總計二十七名中，入院患者十名，受傷三名，戰死二名，病死二名，亦即超過一半的人員傷

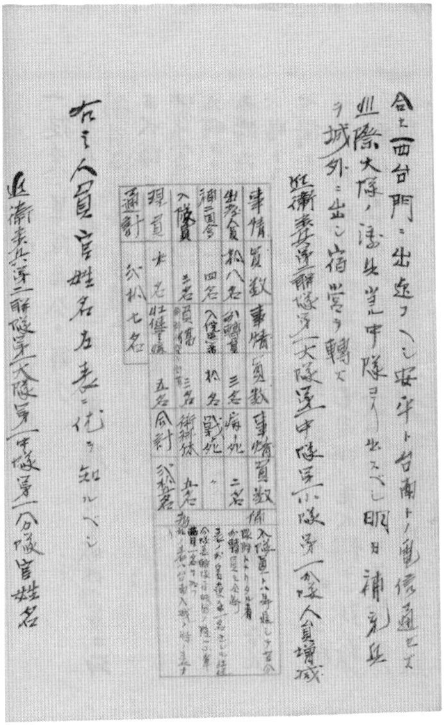

近衛步兵第二聯隊第一大隊第一中隊第一小隊第一分隊人員增減表。從這張圖可以詳細瞭解出發人員、增補、患者、負傷者、病死跟戰死人員數字。

病或死亡，損失可稱慘重。爲弔祭死者，安慰生者，軍方特別於十一月五日於臺南城外舉辦招魂祭，紀念戰死病死的日軍，手稿也留下了招魂祭見聞錄。

從紀錄得知，伊富貴順利凱旋回日本並退役後，成爲後備軍人，因此也在一九〇一年作爲後備役被召集，或許是此契機導致他書寫了這份《義顯歷史》，讓我們可以從另一個角度窺見攻臺日本士兵這類小人物的想法。（陳怡宏）

延伸閱讀

· 許佩賢翻譯，《攻台戰紀——日清戰史台灣篇》。臺北：遠流，一九九五。
· 陳怡宏，〈戰爭的再現：1895年乙未之役駐守臺南時期劉永福抗日形象〉，《歷史臺灣》十八期（二〇一九年十一月），頁六九—一二八。

拝啓
時下追々秋冷ニ候ニ相
成候處御家内様一同
向ニ御障リモ無之益々
御清栄之段大慶ニ至
リニ奉存候降テ野生
儀無事ニテ軍務ニ従
ヒ罷在候間乍憚
御安念ヒ下度候陳者
当地ニ於テハ去ル十六日ニ生
蕃人ト皈順式致シ候
處其皈順式十七日延
引致シテ生蕃人ト皈
順式施行致ストテ彼レ
等ヲ南庄市街ニ三千名
程集合致シ置キ午后
二時頃憲兵屯所前ニ
於テ寫真ヲ取ルトテ彼レ
等ノ一部ヲ集メ又或ル
一部ノ生蕃人ハ兵舎ヨリ

か襲撃致シテ其大
將タル生蕃人ノ太老以下
四十五名ヲ打殺シ又
負傷者~~[illegible]~~ノ外ギ
ハ手ニ手ヲ引キテ山エ
退却致シ候得共其
數ヲ知レズ候次ニ我
ガ軍隊ハ一生有ルマジ
キ大愉快ヲ致シ候然
ルニ我ガ守備隊ニ於テハ
一名ノ負傷者モ之無
キ間御安心被下度
先ハ不取敢ズ御通
報迄ニ余ハ后便
ニ讓ル

十一月十八日

竹南一堡南庄街
守備隊
佐野拝

志太郡大津村野田

御両親様

04

參戰的人

明治三十五年佐野龜吉寄給親人家書

館藏號 2019.015.0137.0009

年代 1902 年

材質 紙質

尺寸 90.2 公分 × 18.0 公分

守備隊員的家書

一名南庄守備隊成員，於一九〇二年寫下一封又一封給家人的信；這一名日本兵來到臺灣，被派至苗栗南庄山邊參與日本政府與當地原住民族領袖之間的重大攻守戰事——南庄事件。

這一場戰事，將改變日後臺灣原住民族的土地權利，影響直至今日。但在小隊員的家書中，只和家人談到了臺灣冬天的氣溫與日本的秋天相似，也寫到這裡第二期稻作的時節，還談到回日本時，會採買臺灣蒔繪漆器當作伴手禮（臺灣蒔繪漆器，是一種將生漆塗敷在器物表面作爲裝飾與保護膜的工藝品，曾爲臺灣外銷的特色禮品之一，多以原住民族或水果圖像爲圖樣）；偶爾，他也寫到手邊資金不足，請家人補寄金錢。

有幾個段落，描述到他正在面對的原住民征討對象：十月三十日，他寫下前幾日將領和「蕃人大老」在「番婆石」會面和談，當時，軍隊發放每人各五十枚子彈備用，而當天和談順利，「蕃人」終於同意歸順，他說「那景象彷彿歷歷在目」；十一月十八日，他寫下原訂要舉行歸順式的那一日，因爲天氣順延一天，「生蕃」

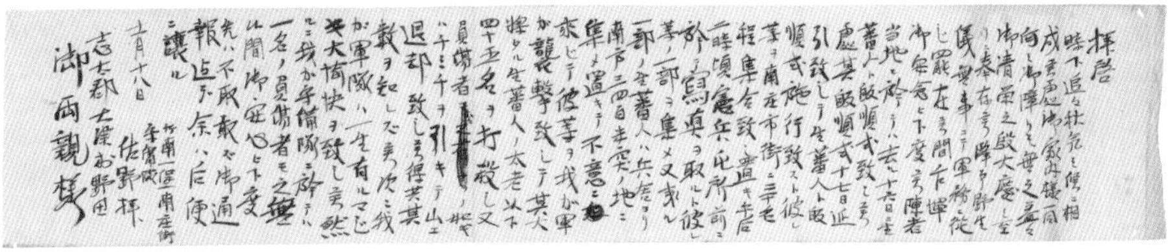

此封書信描述到歸順式當天，守備隊襲擊前來「歸順」的原住民族人之情況。信件內容：「在本地原要在16日舉行歸順儀式，後延到17日。生番人約30人集會在南庄市區，下午2時左右，在憲兵處紮地前進攝影。這其中的一部分人和集會在兵營南方三、四百公尺處的生番人，在他們無防備的狀態下，我軍對他們進行襲擊，殺死了彼等領導人太老（長老）以下45人，負傷者三三兩兩退卻回山上，其數不可知。」（館藏號 2019.015.0137.0009）

前來時，日方隊伍一陣槍戰攻擊，讓對方領袖傷亡，少數人負傷逃亡，他語氣輕謾地寫下：「大快人心。」；一月時，他提到「蕃人」一度召集六十至七十人聚集攻擊，然而被軍方一陣掃射鳥獸散去，他用詞更爲輕視地描述：「對我方實爲一場快意的遊戲。」

這位守備隊隊員提到原住民族人的語氣態度輕侮，但每一段落結尾總歸一句：「請放心。」恐怕越是要以此輕蔑的態度，凸顯日方的從容無虞來安撫家人心裡的擔心恐懼。

這場戰事究竟是怎麼回事？站在這家書立場的另一面視角，信中被襲擊的人群又是什麼故事？

賽夏族領袖日阿拐

沒有在信中出現的主角：日阿拐，是這場戰事中的關鍵人物。他是南庄地區賽夏族的領袖，從清朝以來，便握有大片樟腦山區土地所有權，是朝廷必須攏絡、合作的地方頭人，從朝廷發賞的軍功牌可見一斑；到了日本時代，他的勢力不減，至今家族後代成員仍收藏著當時向日本政府申請認證的地契，證明其土地

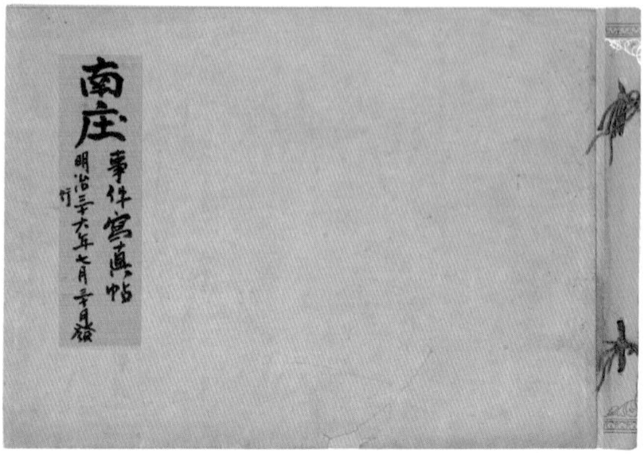

此為1902年南庄事件日本軍方鎮壓行動的照片紀錄。照片中可見日軍的砲兵陣地，以及遭砲擊的日阿拐宅。（館藏號2017.017.0325）

所有權。

當時，欲進入該地進行樟腦開墾的日本企業家，都需要向日阿拐繳交「山工銀」，而日阿拐則須在自己的土地上保障其生命安全，不受原住民出草的威脅。然而，這樣的模式到了一九〇二年起了變化，日本政府對於山區隸屬於原住民族的土地態度改變，欲將之視爲國有土地。日本企業家以不再繳交山工銀，挑戰日阿拐的權力，而日本政府更派人進入此區立下界碑，引發日阿拐的不滿，於一九〇二年七月聯合賽夏人、客家人、泰雅人爆發抗爭衝突，日本當局隨即視之叛亂，更成立了「南庄守備隊」討伐鎮壓。其後日阿拐及其夥伴躲藏於山區中，直至十月二十一日第一次由其一領袖「太祿」前往和談，稱爲第一次歸順式；十一月十八日進行第二次歸順，而日方背信發動攻擊，這些日期時間和事件，恰恰映照於日本小兵的家書紀錄中。

這場事件，是一段賽夏領袖家族遭受現代國家打擊沒落的故事，同時，也是臺灣原住民族土地權的轉折點，於此之後，日本政府正式宣布山區土地歸於國有，確立國有林的法源基礎，而原住民族土地大大限縮於「番人所要地」區塊，今日的原住民保留地大體上延續此基礎。

臺史博曾邀請日阿拐家族的後代前來觀看此一家書藏品，後代遂講起家族口傳記憶，在第二次歸順中，日阿拐負傷逃入深山，不久淒涼病歿，而日阿拐最痛心鬱憤之事，即是：「為什麼國家把我當成『匪』？」後代族人仍強調日阿拐從未欲與日本政府為敵，至今仍小心翼翼保留當年日阿拐所擁有的地契，以及曾由日本政府贈與之刀，證明其合法性、正當性。

日本隊員當年傳給家人的書信裡，流露勝利者的輕鬆；而同一事件中另一視角下的家族，卻是至今懸念的心結。（錢乃瑜）

延伸閱讀

- 林修澈主編，《日阿拐家藏古文書》。苗栗：苗栗縣文化局，二〇〇七。
- 林修澈，《原住民重大歷史事件：南庄事件——根據《臺灣總督府檔案》的理解》。南投：國史館臺灣文獻館，二〇〇七。

台湾及内地にて空襲を受けた時……○トッタ
空襲時物品損害のみ……モノツイタ
〃〃〃人体損傷軽微(1ヶ月以下)……ヤマヒカルシ
〃〃〃〃〃〃重し(1ヶ月以上)……ヤマヒオモシ
送金請求……〜エンオクレ(〜は金額)
金入手……〜エンツイタ(〃)
為省及大陸旅行:
出発　○——ツイタ(——は地名)
到着　○——ヘオクレ(〃)
日附:1日→10日……数字の下○○
11日→31日……〃○
家族の暗号
母上(ハハ)錫(ソア)双(ソイ)長(ソウ)娓子(ソエ)元(ソオ)
道子(ソカ)百(ソキ)鶴(ソク)松(ソケ)紫莉(ソコ)昕(ソサ)
栄子(ソシ)連琉(ソス)富子(ソセ)雅博(ソソ)章江(ソタ)雅信(ソチ)
注意:①送金請求及金入手時は数字の前には○なく数字の后には
エンを附すべし
②出発到着は日附の前に○を附すべし
③日附は月を入れない 例 11月3日は○三○○でよい
④沙市・長崎・鹿児島の如く家族数1人の場合名前の暗号は必要
なく只ソのみでよい 然し旅行中は暗号を用ふべし.
例.百齢空襲を受け物品損害のみ金三百円送れ.
○トッタ」モノツイタ」三○○エンオクレ」ソ(キ)
百齢空襲を受け物品損害・人体損傷軽微につき金三百円送れ.
○トッタ」モノツイタ」ヤマヒカルシ」三○○エンオクレ」ソ(キ)
百齢空襲を受け人体損傷軽微なり
○トッタ」ヤマヒカルシ」ソ(キ)　略に可
百齢11月18日門司を発ち11月23日上海着の予定
○一八○モジツイタ」○二三○シヤンハイヘオクレ」ソキ
百齢11月3日長崎を発ち11月10日上海着の予定
○三○○ナガサキツイタ」○一○○○シヤンハイヘオクレ」ソキ
百齢11月11日長崎安着
○一一○ナガサキヘオクレ」ソキ

05

受爆的人

蘇百齡昭和十八年十一月二十二日寄蘇長齡信箋

館藏號 2021.034.0087.0002（蘇雅洋先生捐贈）

年代 1943 年

材質 紙質

尺寸 23.9 公分 × 15 公分

被精心保存的家人遺物

二〇一七年，臺史博收到現定居美國的蘇雅洋先生，捐贈一批他的四叔蘇百齡（一九二一至一九四五）的物品，又於二〇一九年續捐相關家書，文物內容從蘇百齡就讀新竹公學校時期開始，到在長崎醫科大學遭受原爆過世爲止。

不可思議的是，這位生於日本時代臺灣、二十五歲卽年輕早逝的醫科學生遺物，包括公學校聯絡簿、新竹中學成績單、家書、各種證書，到就讀長崎醫科大學爲止入學相關資料、照片、筆記本，甚至過世前寄回家的頭髮，都被完好地保存著。

物的社會史脈絡，往往比文物本身更有意義。也許這是蘇家紀念這位早逝兄弟的一種方式，這些物品才會從父兄輩直到其子姪輩仍被細心保存著。

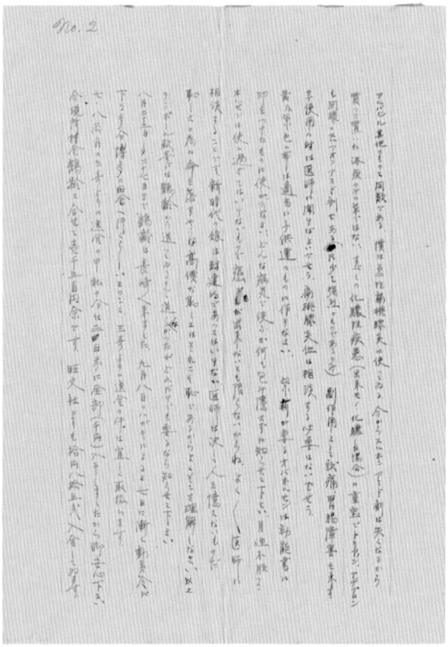

◐ 蘇百齡就讀長崎醫科大學時穿白袍照片，此照片推測是他1944年斷髮大會後，連同頭髮一同寄回家的照片。（館藏號 2017.040.0047）

◑ 蘇百齡昭和19年9月11日寄給二哥長齡的信箋。信中鼓勵妹妹紫荊婦女疾病仍應勇敢就醫。（館藏號 2021.034.0101.0002）

承載年輕學子夢想的家書

蘇百齡是新竹人，父親蘇謙吉是什貨商，母蘇林氏足，爲家中四男。一九二八年就讀新竹公學校，一九三四年就讀新竹中學校，一九四〇年就讀長崎醫科大學附屬藥學專門部，一九四二年畢業後就讀長崎醫大，直至一九四五年八月遭受原子彈轟炸身亡。他在長崎就學期間，曾經運用電報、書信及明信片等方式，共寄了一百餘封書信（現存一九四一至一九四五年份）給臺灣的家人。

與一般人不太相同，蘇家除了百齡父親經營商業外，百齡的二哥長齡也是《臺灣新民報》（後改稱

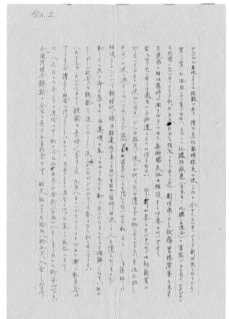

《興南新聞》記者，因此蘇家人對於統治者及時局有著比一般人還高的敏銳度。例如由於書信可能受到官方檢查，故本次選錄的物件，卽爲關於一些敏感用語，如何使用代碼表示的書信。如蘇百齡（ソキ）受到空襲（〇トッタ，意思爲「得到〇」），僅有物品損害（モノツイタ，意思爲「物品帶有損失」），請送三百圓（三〇〇エンオクレ，送來三百圓），則寫成：「〇トッタ」「モノツイタ」「三〇〇エンオクレ」ソキ。顯然是因應關於空襲等軍情不能隨意洩漏，百齡採取的折衷方式。

在這些家書中，百齡除了家人間包含心靈或物質的互相關懷外，也隨著戰局推展，也開始有越來越多諸如配給、「長崎醫大報國隊」、空襲等戰爭相關事項。如他寄回家中給妹妹紫荊的月經藥品，但也特別提到應該要去看醫生，鼓勵妹妹身爲新時代的女性不應該抱持封建思想，沒有比因爲看醫生可恥而失去生命更可恥的事情。言語中，充滿著他作爲醫生以及兄長的關懷之情。

百齡也在家書中談及自身的未來，諸如他希望未來畢業能前往漢口同仁會（該會爲日本爲在中國進行診療、防疫、衛生、醫育等目的成立）行醫。因此也連帶使其思考結婚對象，諸如家庭背景、性格、學問等等，因爲他希望能到中國行醫拯救「同胞」，爲此未來婚配對象希望是中國女性。

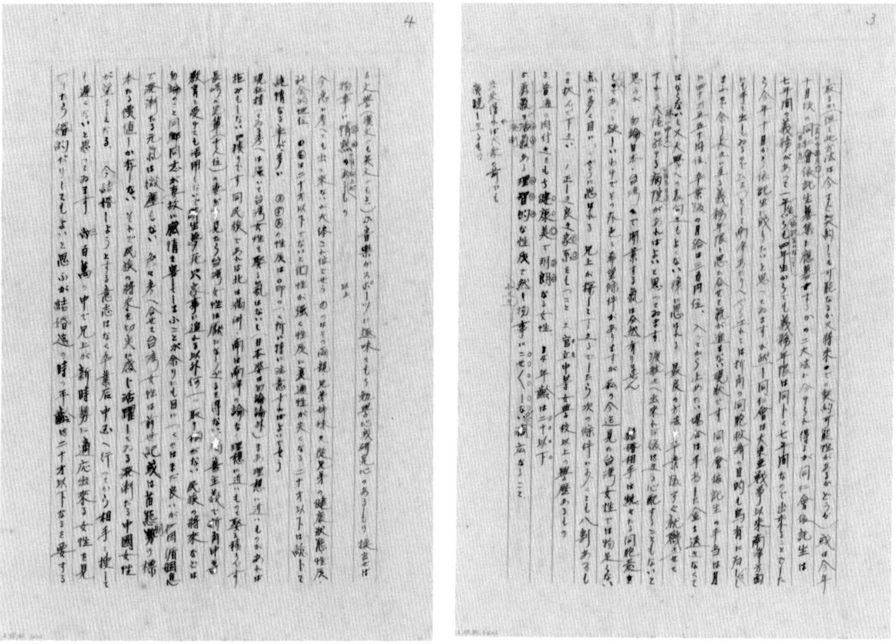

蘇百齡昭和18年4月11日寄蘇長齡信箋。信中向兄長提及自己的擇偶條件。（館藏號2021.034.0078.0002）

原爆下的死亡證明

關於百齡的死因及死亡時間，是根據他的五弟在長崎原爆後，從福岡市發回臺灣新竹家鄉的電報。電報僅有寥寥數字：「百齡由於戰爭中受傷，正趨向死亡（或已死亡?）。」新竹州收訖章上有「20.9.4」，推測是指昭和二十年（一九四五年）年九月四日。長崎警察署則於同年九月二十日發放了死亡證明書，說明死者蘇百齡居住於長崎市坂本町三十七番地。坂本町就是長崎醫科大學所在處，百齡當時居住在學校附近，警察署認定其死亡場所也是該地。但根據蘇雅洋後續向長崎醫大詢問細節，得知當天是畢業考，地點在長崎醫科大學臨床校區（現為長崎大學醫院）的眼科教室，百齡在該地應試時，遭受原爆衝擊身亡。一九四五年遭遇原爆時，百齡已讀到四年級，因爲戰時體制，原本會安排「臨時畢業」，以便九月轉受軍醫學校訓練，一九四六年三月迎接正式畢業，所以當時百齡應該正在準備畢業考試。

至於百齡的死亡原因，官方僅以制式鋼板刻印的字跡寫明爲「因空襲而死亡」，日期爲昭和二十年八月九日上午十一時，也就是原子彈投擲於長崎的時間。依現在的後

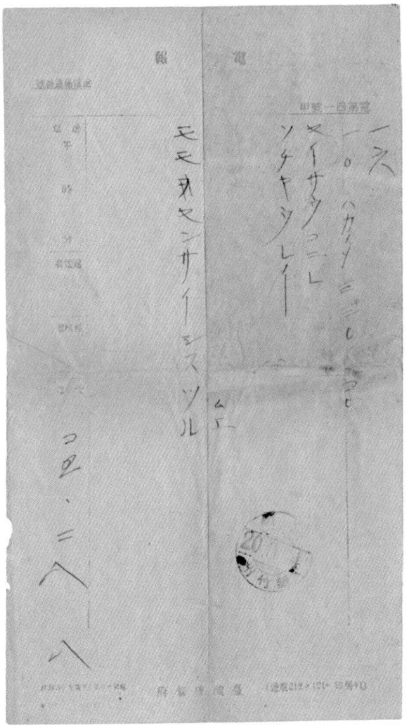

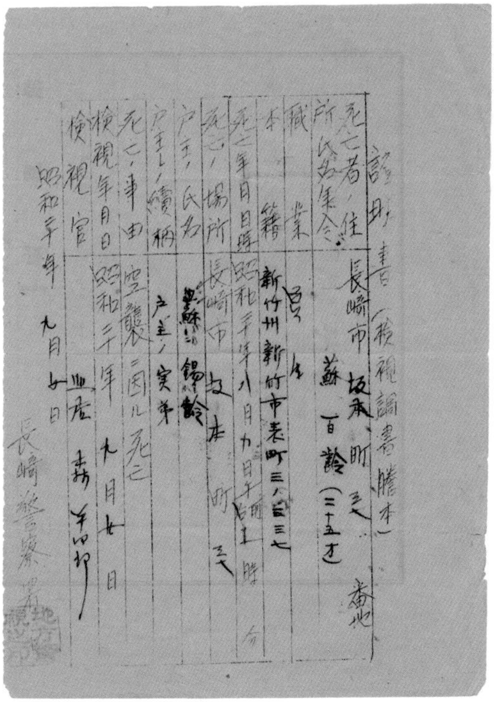

證明書（検視調書謄本）

死亡者ノ住所氏名年令	長崎市坂本町三八番地 蘇百齡（三十五才）
職業	醫
本籍	新竹州新竹市表町三ノ八百三七
死亡ノ年月日時	昭和弐十年八月九日午前十一時　分
死亡ノ場所	長崎市坂本町三八
戸主ノ氏名	蘇錫齡
戸主トノ續柄	戸主ノ実弟
死亡ノ事由	空襲ニ因ル死亡
検視年月日	昭和弐十年九月廿日
検視官	巡査 森半四郎

昭和弐十年九月廿日

長崎警察署

◐ 蘇百齡五弟發出關於蘇百齡受原爆電報電報，發出日期為昭和20年8月28日，接收日期為9月4日。（館藏號 2017.040.0041）

◑ 長崎警察署發放之蘇百齡死亡證明書。（館藏號 2017.040.0042）

見之明，我們可以更精確地說應是十一時二分。但是，同爲長崎原爆倖存者王文其醫師的回憶則有些不同，據他所知，百齡當時是在原爆中心之外，遭受輻射後才過世。無論如何，百齡確實是因爲原爆而過世。

來自故鄉親友的懷念

蘇雅洋所蒐集的百齡相關文物中，有一張是百齡的親屬於一九五八年清明掃墓的照片。當然，在新竹故鄉的墳墓中，並無百齡的屍骨，家人只能於一九四七年設立衣冠塚紀念。百齡留給家人念想的除了照片、書信外，還有一九四四年六月十七日，也就是原爆前一年寄回家中的頭髮。從百齡的家書可知，原來是學生大會舉辦「自發性」的斷髮活動，他只好含著淚把一年半所留的長髮剪掉，並連同照片寄回家鄉，成爲後來留給家人的紀念物。

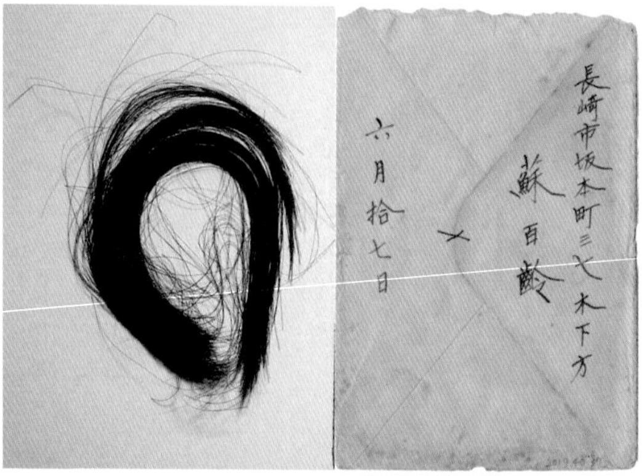

◓ 蘇百齡遺髮及信封（館藏號 2017.040.0037）

歷史文物背後的故事，往往需要透過文物保存者與評估者的雙向合作，才能導引出更多原貌。透過蘇百齡文物，我們可以看到大時代下一個異鄉求學的臺灣青年，除了心繫家人外，同時也努力規劃屬於自己的未來，然而這一切卻因原爆，使得一個年輕生命嘎然而止。（陳怡宏）

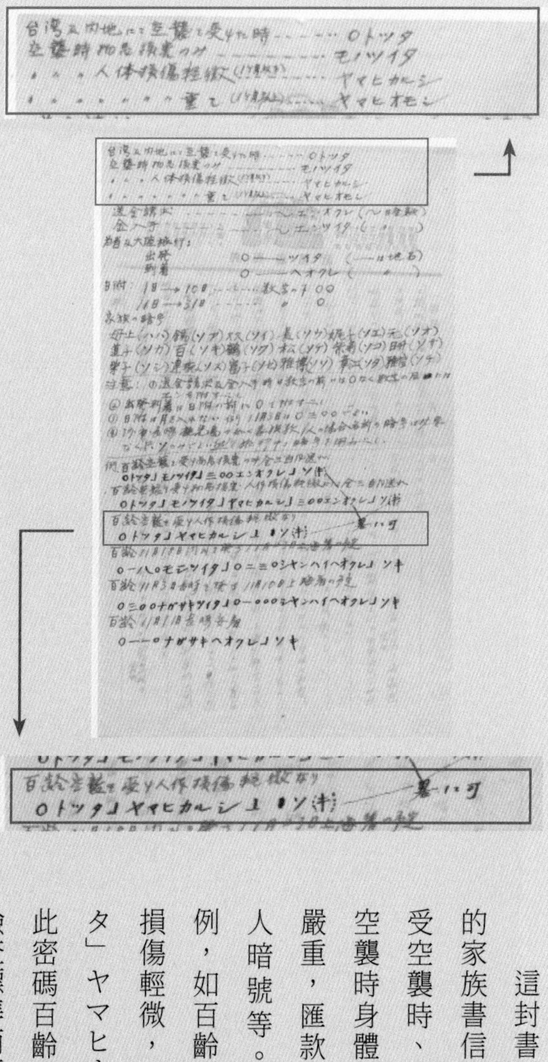

這封書信中，附上詳細的家族書信密碼表，諸如遭受空襲時、空襲物品損失、空襲時身體損傷輕微、損傷嚴重，匯款請求、旅行、家人暗號等。並舉了各種案例，如百齡遭受空襲，身體損傷輕微，則寫作「〇トッタ」ヤマヒカルシ」ソキ」，此密碼百齡後來還依據信件檢查標準而修正過一次。

延伸閱讀

- 李展平，《長崎原爆─台灣醫生陳新賜．王文其歷險記》。臺北：晨星，二〇一二。
- 許雪姬，〈二戰前後在漢口的臺灣人〉，《臺灣史研究》二十六卷一期（二〇一九年三月），頁一一三─一六四。
- 李盈佳，〈一束斷髮、幾封書信、一紙「因空襲而死亡」的證明：1945年，在長崎原爆中喪生的臺灣青年〉，收於《故事》，二〇二三年五月二十四日瀏覽，https://storystudio.tw/article/gushi/taiwanese-lost-their-life-in-atomic-bombings-of-nagasaki，二〇二一年。

912
遺留品
故海軍上等水兵
林清春

06

出征的人

這個木盒的正面以毛筆寫著「遺留品 92 故海軍上等水兵林清春」，右側面寫的是寄出單位「差出人　高雄海軍警備隊宮本隊尾崎隊　尾崎正」，左側面則寫著「受取人　高雄州恆春郡滿州庄滿州二五九　林春連」。這只看似不起眼的木盒，收藏的是一個二戰下的臺灣兵的故事。

臺灣人日本兵林清春遺物盒

館藏號　2013.027.0001（林榮昌先生捐贈）

年代　推測 1944 — 1945 年

材質　木質

尺寸　26.5 公分 ×20.3 公分 × 11.6 公分

木盒裡的哥哥

林清春，屏東潮洲人，於屏東高農畢業後，在庄役場（相當於現在的鄉公所）工作。他在二戰期間入伍。幾個月後的某日上午，在左營海軍基地集合時，遭遇美軍空襲。當時全員有一百多人都還在操場上，死傷慘重。林清春雖躲過第一波攻擊，但卻在搶救傷患時遭遇第二波攻擊而當場陣亡。這場空襲有上百名官兵死亡，而木盒上的數字 92，便是林清春的遺體編號。

木盒內裝著林清春的遺物，包含毛髮、指甲與生前使用過的衣物，連同林清春的骨灰，由父親林春連領回。後來庄役場為林清春舉辦一場風光的葬禮，木盒內的遺物也被取出，一併埋葬。只有木盒被林清春的母親一直留在身邊，作爲紀念。林清春的弟弟林榮昌表示，哥哥過世後，母親非常傷心、無法釋懷，時常將木盒取出端詳，一邊流淚，一邊感嘆哥哥的早逝。直到母親也過世後，林榮昌希望哥哥的故事能被後代記得，便將此木盒捐贈給臺史博。

由於林清春要入伍時，林榮昌當時也才五、六歲，因此對於哥哥的記憶不深，只記得當時同鄉還有兩位青年與哥哥一起入伍，哥哥可說是三人中最有學識的，而哥哥死時的情況，也是事後由兩位同鄉轉述的。

祈武運長久

日本於一九三七年開始徵用臺灣人擔任軍夫支援戰事，負擔軍中後勤運輸、補給、保修等雜役。一九四二年，臺灣總督府開始實施陸軍特別志願兵制度，有超過四十二萬人申請，經體檢、身分調查及筆試（包含日文及算數）、口試後，篩選錄取一千多

林清春與兩位同鄉青年入伍時的合照，照片中右者為林清春。（館藏號 2013.027.0002）

人，錄取率不到百分之一，多爲十九至二十三歲的青年。一九四三年則開放招募海軍特別志願兵。從軍者出征前夕，鄰里親友往往會舉辦熱烈、盛大的歡送儀式，甚至還有郡役所動員學生、青年團、民衆與官員一起送行。從許多舊照片中都可看到書寫著出征者姓名的祝賀旗幟。

昭和13年內埔庄出征軍夫合影。（館藏號 2019.011.0471）

館藏這幅長約一公尺、寬約十七公分的「千人針」，在白布上用許多紅線針結縫製出「祈武運長久」的字樣。當時的人們相信這種方式可以集氣，保佑前線士兵平安歸來，成爲從軍者的護身符及撫慰心靈之物。此外，這種一人一針的方式，也在戰時凝聚了社會大衆的向心力。據說虎年出生的女性還可依照自己的年齡多少就縫幾針，被認爲更有護佑的效用。

出征家庭能享有較好的待遇，例如比一般臺灣人的家庭獲得較好或較多的配給。不過入伍後的訓練

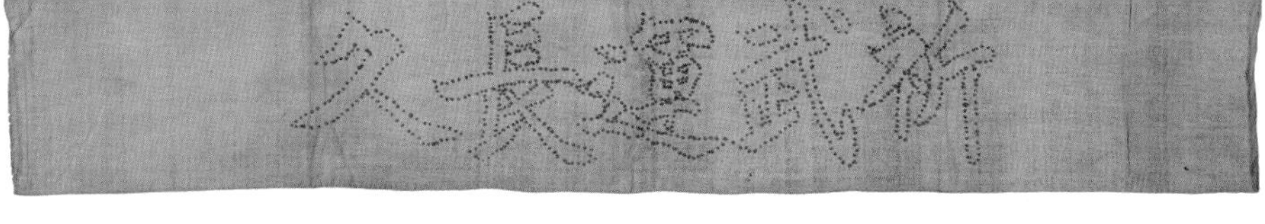

祈武運長久千人針。（館藏號 2006.006.1101）

非常嚴厲，一人出錯，全班連坐受罰。軍中階級分明，不只待遇有所差別，臺灣人遭受日本人不平等的對待、資深老兵欺負菜鳥新兵的情形也不少。被派往南洋者更爲艱苦，戰爭後期戰況惡化，補給不足、糧食缺乏的狀況持續至戰敗後到遣返回臺前，倖存者只能設法以玉米、採集野菜等充饑，有時撈被敵機來襲時炸死的魚、抓捕蛇鼠、青蛙加菜。也有人因營養不良、缺乏醫療，染病而死。

一九四四年（昭和十九年）九月一日，日本《兵役法》施行於臺灣，實施徵兵制，正式徵兵程序展開則始自一九四五年一月。本文開頭所提及的林清春，應也於此時期被徵召入伍。

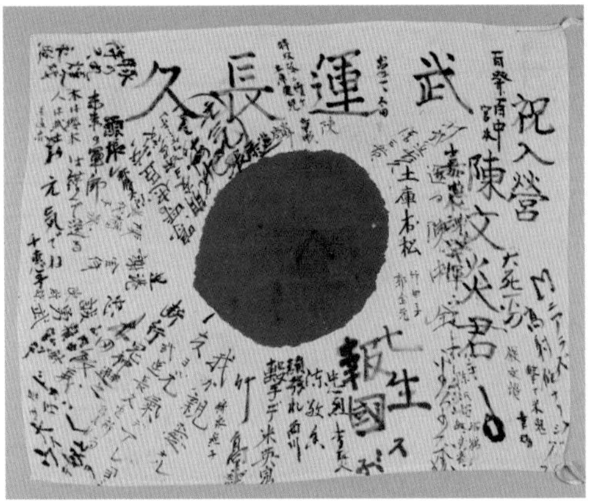

親友們贈送給陳文炎的武運長久旗。（館藏號2015.046.0012）

館藏這幅長約七十四公分、寬約六十公分的日本國旗，國旗右方書寫著「祝入營　陳文炎君」，中央上方則寫著「武運長久」字樣，旗面上密密麻麻寫滿了祝福者的祈願與簽名，是田徑、柔道好手陳文炎，於一九四五年三月自嘉義農林學校畢業後被徵召當兵，入伍前親友們集體贈送給他、祈求出征的人武運昌隆。一九四五年八月，日本向盟軍投降。二戰期間，日本總計徵用二十多萬名臺灣人前往戰場（包含八萬多名軍人及軍屬十二萬餘人），死亡者約三萬多人，若加上生死不明者，則高達五萬三千多人。

隨著這些出征的人們一一凋零，有關二戰的記憶與創傷也逐漸遙遠，彷彿一起塵封於上個世紀，而被今日的人們遺忘，只存這些見證戰爭、被留下來的遺物和舊照，與鮮明的口述文字，提醒著我們逝去的家人與戰爭的殘酷無情。（周宜穎）

昭和17年由皇民奉公會刊行的《陸軍特別志願兵案內》（館藏號 2017.024.0056）

昭和18年由皇道精神研究普及會發行的《台灣徵兵入營案內》，於士兵入營發送，以供翻閱參考（館藏號 2004.007.0085）

延伸閱讀

- 黃裕元，〈在木盒裡的哥哥〉，《觀・臺灣》，十九期（二〇一三年十月），頁四六－四九。
- 蔡慧玉編著，吳玲青整理，《走過兩個時代的人——台籍日本兵》。臺北：中央研究院台灣史研究所籌備處，一九九七。
- 蔡慧玉，〈台灣民間對日索賠運動初探：「潘朵拉之箱」〉，《臺灣史研究》三卷一期（一九九六年六月），頁一七三－二二八。

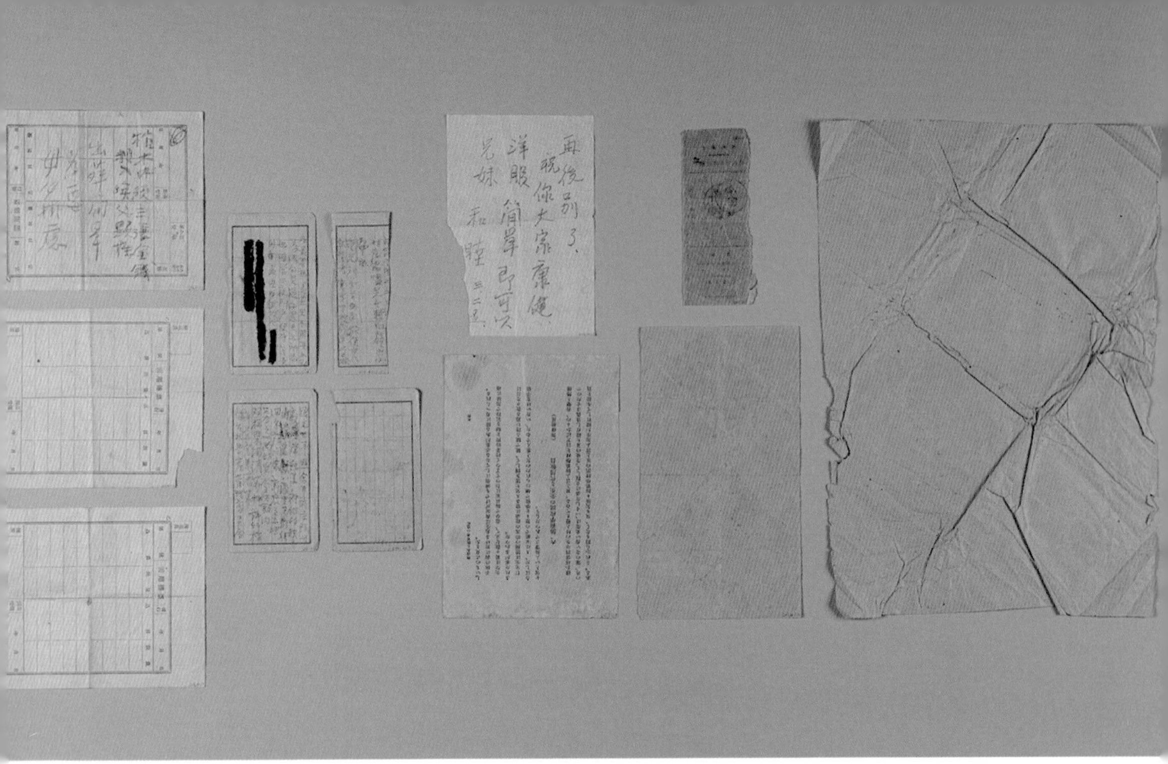

07

消失的人

陳澄波遺書

館藏號 2016.040.0001
年代 1947 年
材質 紙質
尺寸 18.7 公分 × 13 公分、11.1 公分 × 16 公分、12.9 公分 × 18.8 公分

◐ 嘉義火車站前從1933年車站竣工後就是熱絡的市街中心，1947年3月卻一度是軍隊處決民眾的刑場。（蘇峯楠攝）

一個人因莫須有的罪名而要被強行奪走生命時，內心是什麼感受？是害怕，悲傷，無奈，抑或怨恨？在離世前的最終時刻，他會想對這個世界說什麼話？

時間回到一九四七年三月二十五日星期二。臺灣歷史上最悲哀的日子之一。

該年二二八事件發生後，嘉義也揚起衝突風暴。為避免遭軍事鎮壓，由地方士紳組成的事件處理委員會，於三月十一日派員前往水上機場與軍方協商。當時成員有三民主義青年團的陳復志，市參議員柯麟、潘木枝、陳澄波、林文樹、邱鴛鴦，省參議員劉傳來，以及處委會主委王鐘麟等人。

這趟和談之行，豈料竟是凶險絕路。大部分人反遭軍方扣押，僅邱鴛鴦、劉傳來、王鐘麟等少數人脫身。林文樹後來被親友及時以金錢贖出，其他人最後都被推到嘉義火車站前，槍決示眾。陳復志首先命喪三月十八日；柯麟、潘木枝、陳澄波，以及另一位盧鈵欽醫師，一起魂斷三月二十五日。他們被官方所安的罪狀，都是不知所謂的「參與此次暴動之主謀者」。

享譽畫壇的藝術家陳澄波，是此次喪生的和談成員之一。在最後的

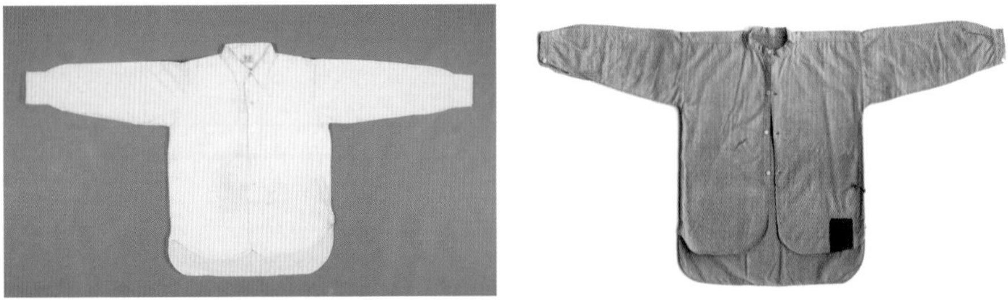

陳澄波於嘉義火車站前罹難時所穿的內衣與襯衫，右胸與左腰仍可見中彈處的破洞。（館藏號2016.042.0002、2016.040.0002）

三月二十五日，他撰寫數幀遺書，將此生的最後話語，盡寄片紙之中。

在木桌上，執筆與死神賽跑

當天陳澄波所寫的其中一封遺書，是給女兒陳紫薇的夫婿蒲添生，以及藝術界同仁的。文中提到「大概明天上午在嘉市離別一世」，顯示他當時已知將被處決，但時間還不確定，約略說大概是隔日。也許以爲還有時間，他好好地寫下了四百多字。

此外，有一批由陳家人密藏了六十餘年的「陳澄波遺書」共十二件，二〇一六年由其長子陳重光先生捐贈給臺史博典藏。當中並非都是遺書，有信封袋、信函掛號執據等物參雜其中；另有兩件以鋼筆寫有「目前治安方策提案」等紙條，應是陳澄波被捕前所寫，很可能是爲了水上機場協商之行所作的筆記。

眞正是遺書的，只有七件。其中四件爲藍格線筆記頁，陳澄波以黑色鉛筆零散記下相當多的家庭事務細節。當中有提到「尔夫明天前作永久可以離別」，可知是要寫給其妻張捷，且書寫時間可能跟寫給蒲添生的時候差不多，因爲那時他還認爲是隔日赴死。

另外三件遺書，則可能是出自另一情境。其紙材與筆具各異，但也有共同特徵，像是筆痕上都透著細細紋路。陳澄波可能是在某個木桌上寫字，所以不經意拓下了桌面木紋。木桌未知是否存世，那會是一位即將離世之人，最後且唯一能夠寄託話語的地方。

此外，三件遺書與寫給蒲添生那時的感覺不同，字數皆不多，字體也不算工整。爲何會有這般差異？可能是原本以爲隔日赴死的陳澄波，很突然得知馬上要被帶離，自知命不久矣，

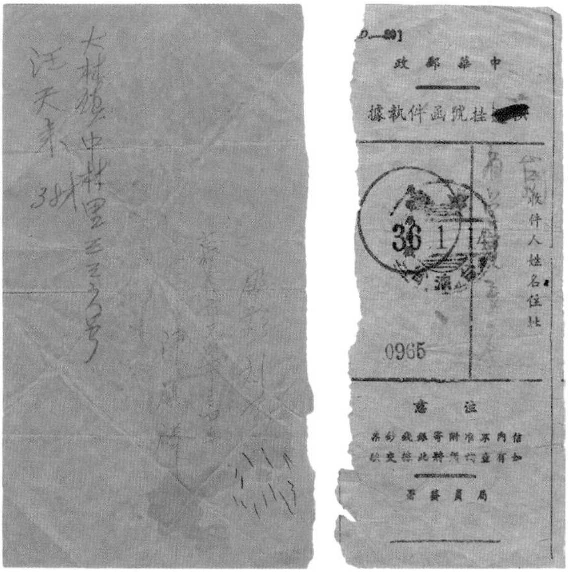

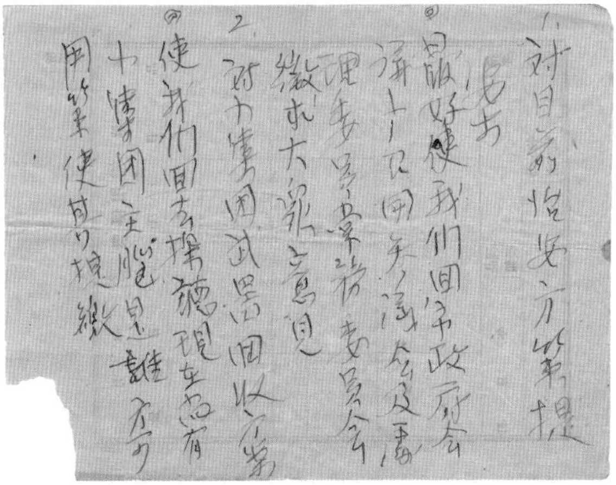

◓ 陳澄波遺書信封袋及掛號函。（館藏號2016.040.0001.0010、2016.040.0001.0011）

◒ 陳澄波所寫「目前治安方策提案」紙條。（館藏號2016.040.0001.0002）

因而在相當短的時間內，倉促找些可用的紙條，又再多留點隻字片語。

以此來看，三件遺書上的每一筆劃，彷彿是陳澄波以僅剩不久的餘生，拿著筆，奮力與死神賽跑所留下的斑斑刻痕。

其一：父親之淚

三件遺書裡其中一件，是以藍色鉛筆及少部分紅色筆跡，在一張請領公務用品的「需用傳票」申請表單背面寫成。其一面寫（句讀爲筆者所加，以下同）：

◎你父澄波的遺言

一、為十二万同胞死，而無醜矣。

二、孝養你母。兄妹姉須和睦。勤讀聖賢，顯揚祖宗。

三、建築中之物，一部賣以作費。生活種々，與母相諒。請錦燦先生照顧。

四、碧女之婚姻，聽其自由。

五、報知姉夫局難，叔父多照。

六、棺木簡單。就是祖父之邊。

七、祝母和親戚大家康健。

三六、三、二五　澄波涙

另一面則寫：

棺木內須三張金錢投入，喚父顯性。

出葬簡單為要，毋必掛慮。

開頭「你父」之題，說明這是以父親的角度，爲他的孩子而寫的。內文細數許多對往後家庭生活、財產、婚姻、身後事的叮囑，雖然繁雜，但在逐一條列的形式下，仍顯得井然有序。這幾項條列當中，放在第一點的是「爲十二万同胞死」。「十二萬人」在他給蒲添生的遺書，以及藍格線筆記其中一頁也有提到。一九五〇年嘉義市人口總數爲十二萬二千六百六十人，一九四七年應該也接近十二萬，所以「十二萬人」指的就是嘉義市民。這或許是他一直念茲在茲的對象；而在這件遺書裡，既讓孩子知道父親究竟發生什麼事，或許也想將這「無醜矣」的典範價值傳達給孩子，完成他最後的教導。

即便以父親之姿，冷靜地這樣逐項條陳，對於即將因故離開這個世界，應仍有無奈與不捨吧。陳澄波也許無意隱藏這樣的心情，所以最末以一個「涙」字署款作結，直白地傳達了傷悲之情。

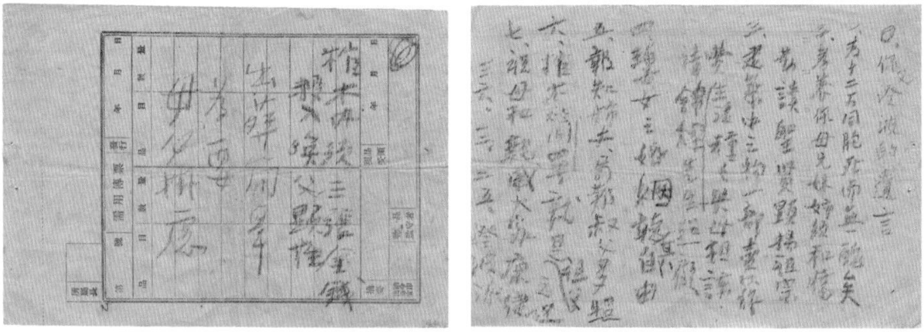

「你父澄波的遺言」二面之文字。（館藏號 2016.040.0001.0001）

其二：變形的二十五日

第二件遺書，用黑色鉛筆寫在一張小白紙上，兩面都有寫字。

其中一面寫：

再後別了。
祝你大家康健。
洋服簡單即可以。
兄妹和睦。
三、二五

另一面寫：

暖官與母合一家同居。
拜託淑貞。
ナカヨクシヨウ。（譯：好好相處）

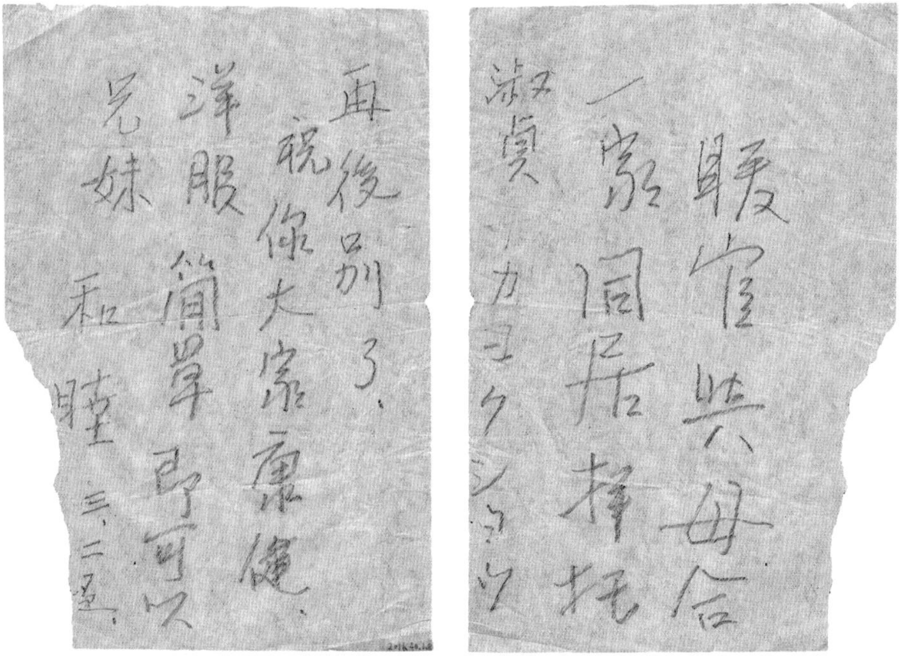
賤官與母合
一家同居擇托
淑貞、カヨクシ[illegible]
再後別了、
祝你大家康健、
洋服簡單即可以
兄妹和睦 三、二五、

◓ 陳澄波鉛筆直書遺書二面之文字。（館藏號2016.040.0001.0008）

這件沒有「你父澄波的遺言」的逐條細述，也沒有「爲十二万同胞死」的大格局，僅有寥寥數字，交待安排二叔陳錢家人共住的細節，其餘則只要大家繼續健康平安、好好生活。這是給還在世的人們很基本、微小，卻至爲眞誠的祝福。

值得注意的是，最後日期落款的那個「五」字，寫得不太清楚，有些筆劃脫開了，使得字體扭曲變形。「五」的筆畫不複雜，末端可寫字的空間也還算足夠，那麼爲什麼會寫成這樣？實情已無法得知。也許是寫者走筆至此處時，心境有了什麼樣的波動，讓他連字都無法寫好。

其三：最後的驚嘆號

第三件遺書，是寫在一張日文書籍的內頁。鉛字印刷的原書內文清晰可見，陳澄波以黑色鉛筆，在字裡行間十分有限的空白處寫下：

皆様　さよなら　御大切に！
母に孝行　仲良く
洋服キカヘナイコトニシテ下サイ
アメリカ服は重光の記念にします

（譯：大家　再見　請珍重！

要孝順母親　好好相處
請不要幫我換掉西裝
美國衣服留給重光紀念）

這張紙原本是一九二七年由東京大同館書店出版的小堺宇市編著《前途ある教育者の爲に》（爲未來的教育者）一書第五十三頁。陳澄波曾任教職，會讀這本教育學的書並不奇怪。但爲何被捕後還持有此書？尚未可知。

此外，陳澄波爲什麼不再用空白紙，而要拿一張印滿字的書頁來寫？合理來想，也許當時沒有更好的選擇，例如已再無紙可用。若是這樣，在衆多遺書當中，它或許是最後寫下的。就算是書籍內頁，只要有空白處還能寫，也要繼續寫。他可能不願、也不甘停筆。

這紙最後的落筆，沒有寫要給誰。從孝順母親、好好相處等句來看，陳澄波也是寫給他的孩子們。話語裡依然有道別、身後事，以及衣服處理等細節，然而，它沒有「你父澄波的遺言」裡父親諄諄告誡的姿態，反而因爲使用日語，更接近日常講話的感覺。

此件最顯眼的地方之一，就是在「御大切に」後面，那個很大很長、看似問號「?」的符號。在給蒲添生的遺書中，開頭也有這個符號，可知並非問號，而是驚嘆號「！」。「御大切に！」就是「請珍重！」，驚嘆號在此被拉長，語氣更加重，也彷彿能感受到陳澄波最後一刻最想要講的一件事。

極度黑暗中，仍有微光閃爍

重提一開始所問的：一個人因莫須有的罪名而要被強行奪走生命時，內心是什麼感受？在陳澄波於離世最終時刻所留下的字句裡，不論是「涙」字作結，或是變形的日期署款，甚至就算拿書頁也要繼續寫字等，都還是看得到他的悲傷與無奈。這是一個有血有肉的人必然會有的感覺。

即使如此，這樣的感受，在遺書中卻不常出現。陳澄波沒有把他無止盡的絕望與恐懼放到紙上，反而是儘可能寄予在世後人最大的祝福。不論是「祝大家康健」，或者最後那紙帶著大大驚嘆號的「御大切に！」，他一直在希望大家能好好繼續活下去。

極度黑暗之中，還有這些微光在閃爍。這些微光在指引我們的，不是重蹈悲傷裂痕，而是鼓起勇氣直視過去，繼而知道珍惜現在與未來。（蘇峯楠）

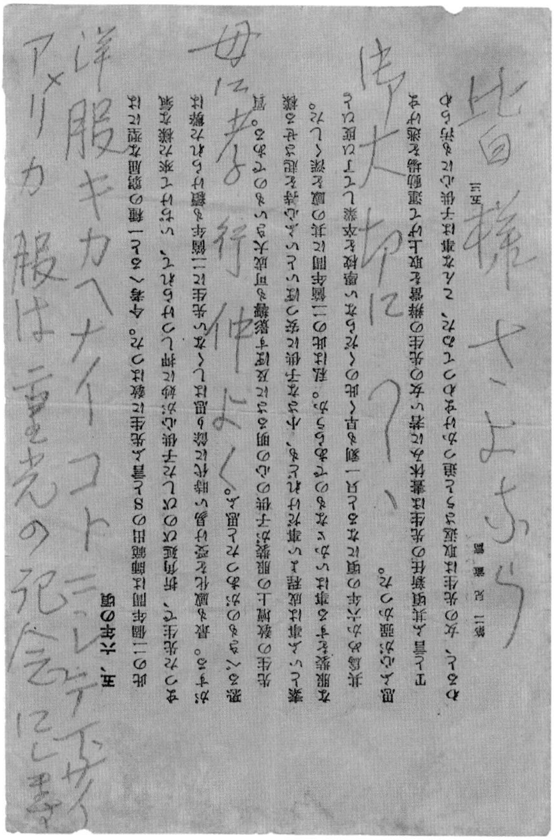
皆様さようなら
体大切に
母に孝行仲よく
洋服キカヘナイコト
アメリカ服は

◓ 陳澄波所寫「請珍重」遺書。（館藏號2016.040.0001.0009）

◒ 這批名為遺書的文件中，只有本文討論的這三件筆痕透著細細紋路，可能都是在某張木桌寫下的。

延伸閱讀

- 張炎憲、王逸石、高淑媛、王昭文採訪記錄，《嘉義驛前二二八》。臺北：吳三連臺灣史料基金會，一九九五。
- 曾婉琳、趙小菁，《228．七〇：我們的二二八特展》。臺南：國立臺灣歷史博物館，二〇一七。
- 林滿秋文，陳澄波圖，《供桌上的自畫像：陳澄波與他的妻子》。臺北：小典藏，二〇一七。

08

代言反共的人

一九五四年《奔向自由》影片

館藏號 2007.006.0002
年代 1954 年
材質 底片

一九五四年一月的楊梅義士村中，一群年輕士兵脫掉身上軍服，將他們的刺青展現在來自東京的外國記者們面前。手拿相機、錄影機的記者記錄著士兵們身上的刺青，猶如在聚光燈下的明星般被眾人所注目。他們是於「一二三自由日」從韓國出發，抵達臺灣的韓戰「反共義士」。而記者們記錄下其皮膚上的「忠黨愛國」、「消滅朱毛」等圖文，讓他們在官方及媒體的宣傳下，成為犧牲奉獻、追尋「自由中國」的最佳反共代言人。

一九五三年前，大眾對他們的認知是來自報紙上的「戰俘」、「共匪」等名詞，直至國民黨的「宣傳通報」，才將他們稱為韓戰「反共義士」。「反共義士」意指在韓戰被俘，受到聯軍看管，且在甄別過程表達不願遣返中國，要以「一顆心回臺灣，一條命滅共匪」之決心來臺生活的戰俘。這一萬四千多名反共義士在國際政治的角力與競逐中於一九五四年一月二十五日搭乘軍艦來到基隆港，並抵達位於大湖、下湖及楊梅三處「義士村」，正式開啟在臺灣的生活。

奔向「自由」

文章開頭所描繪的場景，出自於一九五四年官方發行的影片——《奔向自由》。影片完成後，被翻譯成英、法、日等語言，並於海外大使館、中華會館等地放映，透過影片中「獻血旗」行為及旁白口中「反共抗俄」、「忠黨愛國」等話語，試圖強化各國對「自由中國」的認識與支持，藉此凝聚海內外華人反攻大陸的向心力。透過影像意圖打破共產黨所指稱國軍戰力弱、生活環

◐ 影片中「反共義士向國民黨中央委員會張其昀秘書長獻血旗」的畫面，搭配的旁白是：「這血旗代表一萬四千名忠黨愛國的意志，代表他們反攻大陸消滅朱毛的決心。」

◑ **韓戰反共義士所獻之血旗**，血旗上寫有「誓死滅共、重建中華」、「韓境自由城」等字樣。反共義士多次藉由獻血旗的方式，展現其反共、愛國的決心與意志。（國軍退除役官兵輔導委員會提供。文物保存於「臺北榮譽國民之家」）

境差勁的謠言，作爲對外宣揚義士們逃離共產政權、追求自由民主的堅定意志與具體象徵。

同時，爲加強宣傳力道與效果，政府將反共義士派往海外舉辦座談會，會中義士脫掉上衣將身上的刺青展現在大衆面前，這些刺青不僅代表他們在共產黨統治下所經歷的苦難，也象徵他們對於追尋「自由中國」的嚮往與決心。隨行記者也將這些活動照片、文字傳回臺灣，讓民衆了解反共義士在海外的影響力。

是團體意志，還是個人意志？

然而象徵反共義士們決心的刺青，也不全然是個人意志的展現。一位成長於四川並加入國軍的蘇先生，在部隊長官率隊加入共產黨後，不久便作爲「中國人民志願軍」從四川展開徒步行軍，橫越大半個中國來到朝鮮半島加入韓戰戰場，在成爲戰俘後選擇來到臺灣，並再次加入軍隊。歷經多次身分轉變的蘇先生，在近七十年後看到《奔向自由》影片時，不禁情緒激動地掉下眼淚，並回憶著他們被聯軍送往戰俘營後的點點滴滴。

其實，他們接受刺青，並非心甘情願。戰俘營內部由過去國民黨幹部組成的組織掌握話語權，要求他們在身上刺上中華民國國旗、國民黨徽以及「國復共滅」等文字以代表反共的決心；若不刺字，便會受到審問，被以小槌子敲擊膝蓋、腳踝，直到願意刺青。堅持不刺字的話，隔天卽被埋到小隊居住的帳篷底下。

對於過去國民黨幹部組織而言，刺青是一對外宣揚想要重回「自由中國」的方式。然而，對於戰俘營中的個人來說，一方面需要面對團體壓力及生命威脅，但另一方面，又必須考量到日後若返回共產黨政權下是否會遭受清算，危及個人及家人生命安全，種種因素交織下，我們實在難以想像當時他們是懷著什麼樣的決心在皮膚上刺下難以抹去的痕跡。

義士村裡／外

每天早晨義士村內響起「親愛的義士們啊，溫暖的被窩是睡不長久的」的廣播，時刻地提醒著義士們忙碌生活的開始。聽到廣播後，義士們開始整理內務，打掃營房。除了生活環境整理外，還要參加「反共義士就業輔導處」的輔導教育，內容包含三民主義、反共抗俄基本論等政治課程，藉此確定義士們的「思想正確」，並激發其報國精神，亦發起「從軍報國運動」。

除傷殘者無法從軍外，近全數反共義士選擇重拾軍裝加入國軍，並接受軍事專長訓練，由國防部將其編入陸海空三軍部隊。然而，縱使有著政府給予的「反共義士」身分，甚至歷經戰場洗禮，在部隊中仍免不了來自部分同袍指稱「俘虜」、「不夠資格」的異樣眼光。

在一九五四年一月二十三日時，戰俘營內的人們踏上抉擇人生的T字路口，向左是回到中國，向右則是到臺灣。當時一萬四千多名中國戰俘，僅四百餘人回中國，其餘選擇前往臺灣，成爲國民黨口中的「韓戰反共義士」。

中國大陸災胞救濟總會印行《中國大陸共匪暴行》〈韓戰反共義士，持總統蔣公照片〉文宣。（館藏號 2006.002.2896.0010）

名為「自由」的象徵

「自由」一詞，反覆出現於一九五〇年代報章雜誌中，該詞彙也與「韓戰反共義士」畫上等號。原本韓戰戰俘來到臺灣的過程，在國家宣傳的操作下，將他們掙脫戰俘身分的日子稱作「自由日」，將他們從韓國離開前走過的那條路稱作「自由之路」，經過的那道門稱作「自由門」。這些戰俘，也在國民黨的論述下成爲「反共義士」，這一系列的宣傳操作，將原本對於呈現戰俘們選擇來到臺灣的過程，昇華爲返回「自由中國」的一

反共義士自由日紀念章。1954年中華民國駐韓大使館印製1萬5千枚反共義士自由日紀念章，於同年1月23日送給反共義士。紀念章正面為帶有「自由」二字的聯合國國徽，國徽上為中韓國旗，底下兩旁以嘉禾裝飾，中間則用英文標示JAN.23.1954。紀念章背面則印有「反共抗俄　殺朱拔毛」及「反共義士自由日紀念章」字樣。（秋惠文庫暫存，登錄號T2018.002.2686）

歷史性「歸國行動」。

影片是記憶媒介之載體，將觀影者視角拉回七十年前。然而，即使經過時間流逝，影片中的人、事、物仍提醒著與蘇先生相同經驗之人，關於他的來處，於韓戰中被俘，關押於戰俘營，並在最後選擇來臺展開新生活。經歷過和平時代下難以理解的離散，心中對於「家」的思念也難以向他人訴說。曾經，成爲戰俘後、面臨抉擇前，心裡所想的仍是家人的安全。不確定未來會如何，但或許來到臺灣才能讓家人免於遭受共產黨清算，像蘇先生這樣的義士，選擇刺上國民黨黨旗、軍旗以及「不成功便成仁」的文字，隻身一人來到臺灣，在陌生的環境中努力且用力的活著。七十年過去了，現實的環境已不像從前，政府對於「反共」的宣傳亦不如當年，「反共義士」也逐漸走出社會的記憶。但對於當事者而言，影片中記載的卻是其生命中重要的一頁。我們閱讀的歷史，卻是他們最爲眞實的生命經驗。而當年的選擇是對自由的嚮往？還是無可奈何？只有當事者的心中才有答案。（莊梓忻、張育嘉）

延伸閱讀

・沈幸儀，《一萬四千個證人：韓戰時期「反共義士」之研究》。臺北：國史館，二〇一三。
・周琇環、張世瑛、馬國正訪問，《韓戰反共義士訪談錄》。臺北：國史館，二〇一三。

尋母三千里

全集

注意
撕下頁張
照價賠償

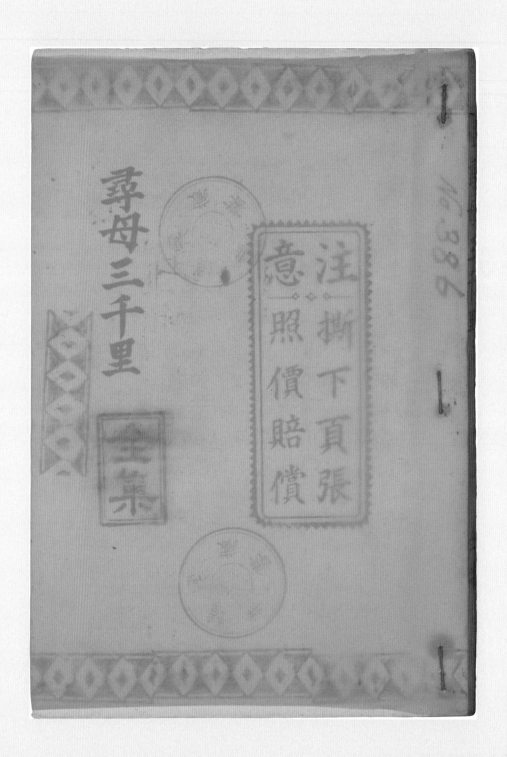

09

失語的人

「看」漫畫

臺史博典藏的漫畫《尋母三千里》有一層藍色的外殼，外殼又被塑膠書套包覆著。外殼上蓋有兩個圓圓的藏書章，推測這本漫畫曾經可能是藏書家的寶貝之一。但是兩個圓章之間印著「注意　撕下頁張　照價賠償」，透露著這本漫畫可能曾經在租書店的架上，等待有緣人租借。最後，森豐書局租書店的家屬將這批反映了臺灣大眾閱讀經驗的書籍捐贈給臺史博，因此這本漫畫才有機會成爲博物館典藏。

翻開《尋母三千里》藍色的外殼，會看到彩色的封面。成熟的筆調及用色，令人不禁訝異：一九五八年的臺灣，居然有這麼厲害的漫畫家！然而，這其實是「模仿」自一九五三年日本集英社出版的《尋母三千里》（母をたずねて三千里），這個臺灣「山寨版」《尋母三千里》的版權頁居然還大言不慚地印著「版權所有不准翻印」。現存不少紀錄都顯示，戰後許多臺灣人因爲通曉日語及華語，所以經常「譯介」日本的作品，包含小說、雜誌或漫畫等等。而出版這本漫畫的寶石出版社，似乎是臺灣戰後漫畫史的縮影，也反映了臺

《尋母三千里》

館藏號	2013.013.0044
年代	1958 年 1 月
材質	紙質
尺寸	13 公分 × 18.7 公分 × 1.3 公分

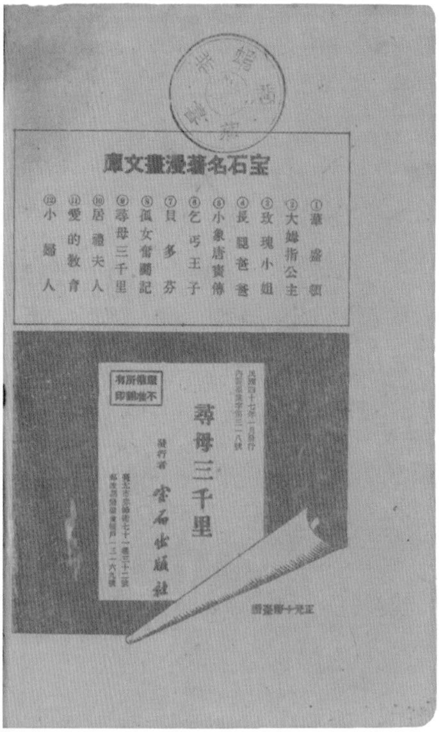

◐ 臺版《尋母三千里》版權頁。

◑ 臺版《尋母三千里》封面。

灣日語世代人們經歷語言轉換的過程。

戰後初期，臺灣人開始面對各種的轉變，其中語言的轉換應該是最爲顯著的一種。許多在日本時代受過教育的人，面對這個時代的轉捩點，喪失了過去教育賦予他們的語言優勢，成爲「失語的人」。這些「失語的人」要如何處世？在當時的漫畫出版產業中，意外地揭示了他們各式各樣的選擇與境遇。

「海外高薪」都是假的

一九五〇年代末，在臺北後車站的寶石出版社，許多年輕漫畫家進進出出，繳交描抄的漫畫稿。出版社人員從日本引進漫畫，爲了方便轉印，必須先交給這些年輕人描圖，也要請翻譯把日文的內容譯成華語。拿到描抄稿之後，嵌入翻譯的文字，再製版送印。印出後經由盤商，送到租書店，最後來到讀者手上。寶石出版社的老闆周慶安看著熱騰騰的漫畫書一箱一箱的出貨，不知他內心想像的是什麼樣的未來。

周慶安出生於一九二〇年左右，據報導，他在日治時期曾經短暫從事新聞工作，戰後他則經營寶石出版社及書店。然而，一九六〇年代臺灣的漫畫出版社如雨後春筍，競爭越趨激烈，導致寶石出版

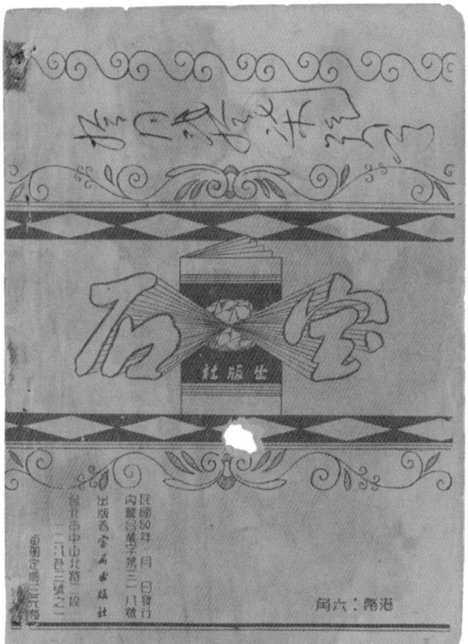

◐ 寶石出版社出版《夢裡的願望》上集封底。（館藏號 2020.033.0304.0001）

◑ 寶石出版社出版《夢裡的願望》上集封面。（館藏號 2020.033.0304.0001）

社的營運出現困難。債務壓力逐漸超乎負擔，周慶安因此找上同行王懷石商量。

王懷石也曾經受過日本教育，因此在戰後開始經營日文書進口的生意，進口品項也包含了不少色情書刊。然而在政府禁絕色情書刊之後，被斷了財路的王懷石開始把腦筋動到毒品上，展開了國際販毒事業。走投無路的周慶安便加入投資，並擔任組織的會計。他們以寄書給親友為藉口，把毒品從香港夾帶到臺灣，而當時逐漸經營困難的寶石書店因此成為了販毒網絡的節點之一。觀察臺史博典藏的一九六〇年代左右寶石出版社出版的少女漫畫，會發現這些漫畫是用港幣計價，似乎與報導所稱可以有所呼應。

漫畫帶你飛

在周慶安還沒有成為書店老闆的一九四〇年代，隨著皇民化運動越趨嚴苛，在臺文化人開始擔心臺灣原本文化的消逝，因此不管本島人還是內地人都開始興起了臺灣民俗、文學、藝術的採集及創作，例如，較早有西川滿等人發行的《文藝臺灣》，從浪漫的視角觀看本島人的文化；金關丈夫等人發行的《民俗臺灣》則著重本島人文化的採集及保存。

同樣是日本時代教育下出身的黃宗葵，也在戰後投入漫畫出版產業，但是卻闖出了跟周慶安截然不同的一片天。如同前述，日治末期在臺文化人創辦各式雜誌，黃宗葵於一九四〇年也創辦了《臺灣藝術》雜誌，刊登許多當時在臺文化人的文章，較關注大眾通俗文學。另外，

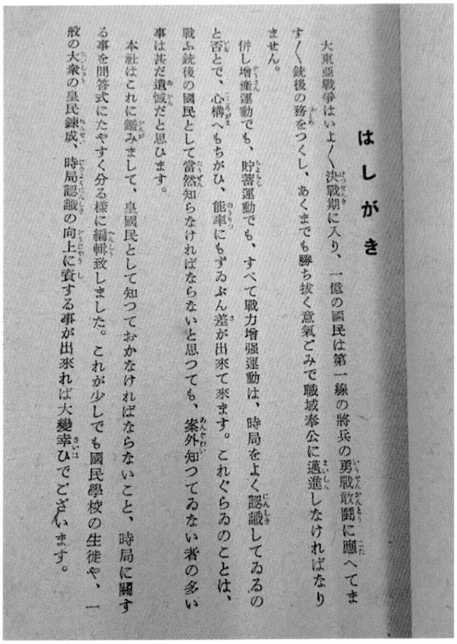

はしがき

大東亞戰爭はいよ〳〵決戰期に入り、一億の國民は第一線の將兵の勇戰敢闘に應へてます〳〵銃後の務をつくし、あくまでも勝ち抜く意氣ごみで職域奉公に邁進しなければなりません。

併し增產運動でも、貯蓄運動でも、すべて戰力增强運動は、時局をよく認識してゐるのと否とで、心構へもちがひ、能率にもずゐぶん差が出來て來ます。これぐらゐのことは、戰ふ銃後の國民として當然知らなければならないと思つても、案外知つてゐない者の多い事は甚だ遺憾だと思ひます。

本社はこれに鑑みまして、皇國民として知つておかなければならないこと、時局に關する事を問答式にたやすく分る樣に編輯致しました。これが少しでも國民學校の生徒や、一般の大衆の皇民錬成、時局認識の向上に資する事が出來れば大變幸ひでございます。

黃宗葵著《問答式皇民時局讀本》。左圖為書內引文。（館藏號 2006.002.2898）

隨著戰爭逼近，在當局對於出版業逐漸緊盯的情況下，他撰寫了《問答式皇民時局讀本》。在引文裡，黃宗葵表示日本所謂的大東亞戰爭正走向決勝期，許多大後方的民眾除了支持前線的士兵外，更應該了解時事，因此特別編撰了這本手冊，用問答的方式淺顯易懂的介紹日本國民精神、時事等等。可見在戰爭之下，連新聞從業人員都受到嚴密的控制，難以像當今的新聞媒體一樣發揮第四權的監督功能。

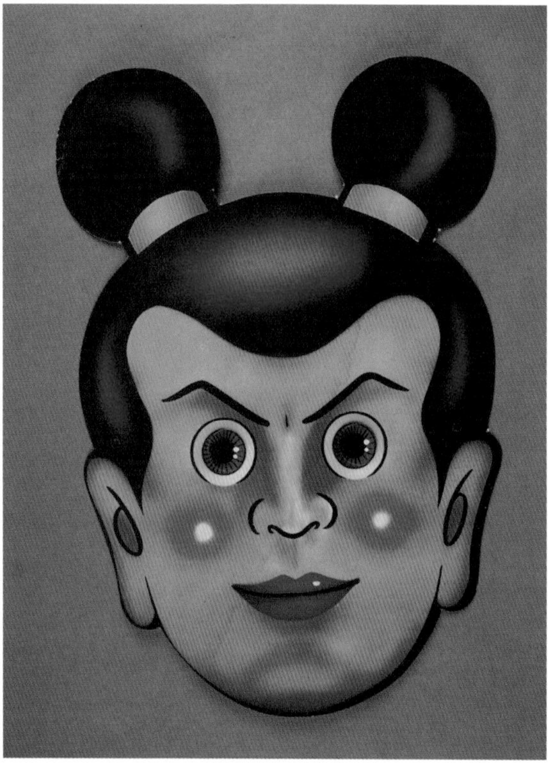

紙製四郎面具。（館藏號 2010.019.2149）

戰後，黃宗葵創立大華出版社，除了發行日治時期結識的文化人創作的大眾讀物外，也出版許多兒童讀物；他事業的高峰應該是在一九五八年，那年，他創辦《漫畫大王》週刊，撼動了臺灣兒童刊物界的生態。讓事業更上一層樓的是，黃宗葵邀請葉宏甲在《漫畫大王》連載「諸葛四郎」系列，風潮席捲全臺，大街小巷的臺灣人都想知道到底是誰搶到那支寶劍。諸葛四郎更多次被改編成電影、連續劇，還有推出角色面具、角色尪仔標，諸葛四郎與眞平並肩作戰的身影成爲許多臺灣囡仔的嚮往。

在這種語言轉換，漫畫出版市場也愈趨競爭的世道中，同樣受過日本教育的兩人邁向了迥異的未來。他們都曾經在日本時代投入媒體相關產業，卻在戰後走上截然不同人生道路。周慶安在漫畫出版社經營不善的狀況下，選擇鋌而走險，因牽涉販毒最後被判刑七年又六個月。黃宗葵則是培養了臺灣漫畫金雞母——諸葛四郎，事業大爲成功。翻開臺史博典藏的漫畫《尋母三千里》，看見的是失語的人一夕之間喪失自己擅長的語言，在漫畫產業裡重新尋找在新時代站穩腳步的方法，然而時代的大浪卻是無情的，誰能挺過一浪又一浪呢？（黃悠詩）

延伸閱讀

- 游珮芸、周見信，《來自清水的孩子》。臺北：慢工文化，二〇二〇。
- 劉敬賢，《漫畫之王陳福財的新加坡史》。臺北：貓頭鷹，二〇二二。
- 林莉菁，《我的青春、我的 FORMOSA》。臺北：無限，二〇一二。

10

有家歸不得的人

「掃除黑名單還我返鄉權」
示威橫幅

館藏號 新入館藏尚未取號（陳振坤先生、李小娟女士捐贈）
年代 約 1989 — 1991 年
材質 塑膠
尺寸 245 公分 × 91 公分

本件「掃除黑名單還我返鄉權」示威橫幅的捐贈者，是曾擔任美國北加州東灣臺灣同鄉會第十八屆（一九九〇年）會長的陳振坤先生及李小娟女士（兩人爲夫婦）。此面帆布旗採黃底，用字爲紅、黑兩色，使用的時間可能爲一九八九至一九九一年，特別是在一九九一年，由海外臺灣人所組的世界臺灣同鄉會聯合會等八個團體成立「臺灣人黑名單處理小組」，與在臺灣成立的「打破黑名單返鄉運動協調中心」合作，結合海內外資源，期待早日達成「掃除黑名單，還我返鄉權」的目標。

然而，令人困惑的是，臺灣在一九八七年解嚴，爲什麼在一九九一年還需要發起如此大規模的串連活動來「掃除黑名單」？爲何有「黑名單」？「黑名單」有多少人？

盧修一（右）等人在有「黑名單」訊息的背板前合照，疑為1991年拍攝。此照片在背板上有著與「黑名單」相關的重要訊息。其一為「黑名單」面具：1989年在海外被列為黑名單的郭倍宏「偷渡」回來，並於11月22日現身中和運動場演講，演講結束，郭倍宏戴著「黑名單」面具，混在數千名戴著黑名單面具的群眾中，順利從情治單位的追捕中逃脫，此面具成為爭取「黑名單」返鄉行動中重要的象徵。其二，背板中疑似有「歡迎鄭自才回家」的字樣，鄭自才（財）參與1970年刺蔣案，曾多次申請返臺被拒，於1991年6月偷渡返臺，但於1992年11月被依違反《國家安全法》判處1年有期徒刑。（館藏號 2021.008.0060，陳郁秀捐贈）

國人持「中華民國護照」不能出入境，還要「加簽」？

我們現在出國只要留意要去的國家是否要「簽證」；要回國，拿著護照就能入境。但其實在二〇〇〇年五月二十日之前國人持「中華民國護照」都還要申請許可，才能出入境。

而無法從國外入境的管制，主要是透過兩種公權力，其一，所持護照於效期屆滿時無法獲得「護照延期加簽」，而護照無效會導致無法申請國外居留等問題。其二、不發給要返回臺灣的國人「回臺加簽」。這些被拒絕入境的人，被稱爲「黑名單」，在國外會面臨「有家歸不得」、「無國籍」的困境，甚至在至親過世時，亦無法回臺灣奔喪。

有關臺灣的出入境管制，與戰後臺灣的政治局勢有很大的關係，特別是一九四九年因應中國大陸來臺移民漸多所衍生的各類問題，而採取嚴格的入境管制；加之同年臺灣實施戒嚴、國民黨政府遷臺持續因國共內戰的「動員戡亂」制度。在戒嚴、動員戡亂相關機關及制度「雙重加持」下，入出境制度有「軍警共管」、「軍情合一」的特色，即使一九七二年由「警備總司令部」轉移至「內政部警政署入出境管理局」，看似由軍事與情治單位轉移到一般行政，但「軍、情」仍透過人事聘任等方式掌控出入境管制的權力。

臺灣於一九八七年七月十五日解嚴，但在同日卻實施了《動員戡亂時期國家安全法》，也就是即使解嚴了，但動員戡亂並未解除，因此同年公告的《國家安全法》給了「黑名單」存續的空間。

官方說法：沒有「黑名單」，但有「列註人員名單」

一九九一年四月一日，立法院外交委員會第八十七期會期第三次全體委員會，邀請當時外交部長錢復來報告。時任立委的陳水扁問錢復：「到底有無管制異議人士的黑名單？」，錢復答「沒有黑名單，但有甲資、乙資的參考資料」。此場立院委員會的詢問經媒體報導揭露，但政府並不正面承認「黑名單」，僅說明有管制出入境名單。其中「甲資」是持中華民國護照者，「乙資」是持外國護照者（如中東恐怖分子等）。而甲、乙資底下又依管制程度分三類：註一、註二、註三，註一是不准入境，註二是應於上級批准是否入境，註三原則是可以入境，但視情況有「跟監」等管控，因此「黑名單」又稱為「列註人員名單」、「列註名單」。隔日，內政部境管局亦說明到四月二日止，列管有案的「列註人員名單」甲資、乙資之中人數為二百九十九人，其中二百八十九人屬海外「台獨聯盟」成員。（一九七〇年，全球各地臺獨團體正式合併，成立「台灣獨立聯盟」，一九八七年改名為「台灣獨立建國聯盟」，簡稱「台獨聯盟」或「獨盟」。）

「甲、乙資參考名單」在一九七〇年代的外交部編印的《領事事務手冊》即有收錄甲、乙資參考名單的相關規定，惟各駐外機構所備的甲、乙資參考名單並不相同，而且此名單是「極機密件」，名單的蒐集則與駐外使領館、中國國民黨海外黨部、海外僑社等有關。

一九九一年五月一日廢止《動員戡亂時期臨時條款》、一九九二年五月修正《刑法》一百

1991年11月30日被列為黑名單的「台獨聯盟」成員拿假護照闖關照片。左起周叔夜、何康美、陳南天，攝於日本東京新宿站，右下角照片日期為當時怕別人發現是哪天闖關而截去。（何康美提供）

1991年被列為「黑名單」的何康美、毛清芬闖關回臺後，於12月10日現身在臺北市新生公園的「人權之夜」活動現場，調查局亦在現場蒐證。而在之前獨盟重要幹部張燦鍙、郭倍宏、李應元、王康陸等，都在返臺後被捕。（何康美提供）

條，消除所謂的「思想犯罪」，並於八月修正《國安法》後，官方宣稱「列註名單人士」由二百八十二位大幅減爲五人，後來有媒體揭露經求證又減爲三人，即刺蔣案黃文雄、前台獨聯盟世界本部副主席黃昭堂及前美國本部主席陳南天。

但黑名單到底有多少人？哪些人被列黑名單？這資訊到現在仍不完整。在本文開頭提及的一九九一年「臺灣人黑名單處理小組」就設計一張「臺灣人黑名單資料表」，請臺灣人團體成員填寫，希冀有系統的收集黑名單，依填寫者的實際經驗分爲A、B兩類，A類爲完全被拒入境或簽證者、B類爲被刁難者，同年七月二十二日處理小組公布部分黑名單，A類爲一百〇八名、B類二百三十五名，另有C類爲據報導爲黑名單者九十六名。

最後，黃昭堂於一九九二年十月三十一日申請入境獲准、一九九三年三月二日內政部訴願委員會裁決解除陳南天入境限制、一九九六年黃文雄現身臺灣大學返鄉記者會。

黃文雄雖然是黑名單最後一人，且二〇〇〇年五月二十日實施的《入出國及移民法》已規定入出國不需申請許可，黑名單看似已終結，但《國安法》的黑名單條款仍在。黃文雄因未申請入境許可，被因違反《國安法》起訴，黃文雄及承審法官認為此侵害人民入境返國之權利，聲請釋憲，二〇〇三年釋字第五五八號解釋，指出國安法的規定侵害人民自由返國權利而違憲，至此，黑名單才真的走入歷史。（曾婉琳）

延伸閱讀

- 薛化元等編著，《戰後「黑名單」問題之調查研究》。臺北：允晨，二〇二二。
- 張炎憲、曾秋美、陳朝海編著，《自覺與認同：1950-1990年海外台灣人運動專輯》。臺北：吳三連台灣史料基金會，二〇〇五。
- 歐素瑛、林正慧、黃翔瑜訪問紀錄，《海外黑名單相關人物口述訪談錄》。臺北：國史館，二〇一四。

The
ates Islan
V A

主題二

百工行業，職人大集合

收黃都病
驅邪除病不敢動你走無程
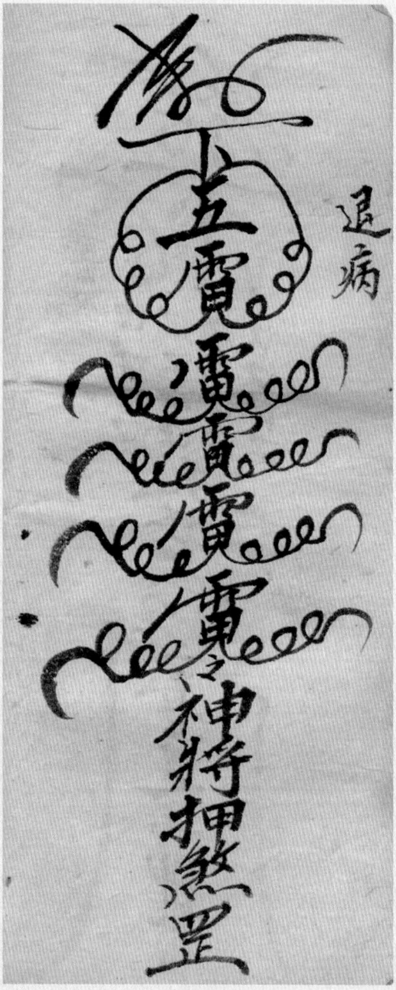
退病
五雷
雷之神將押煞罡

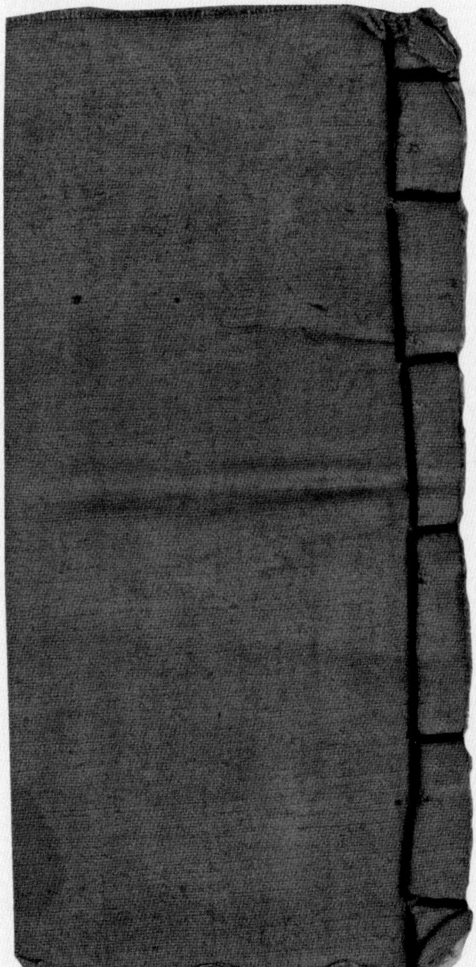

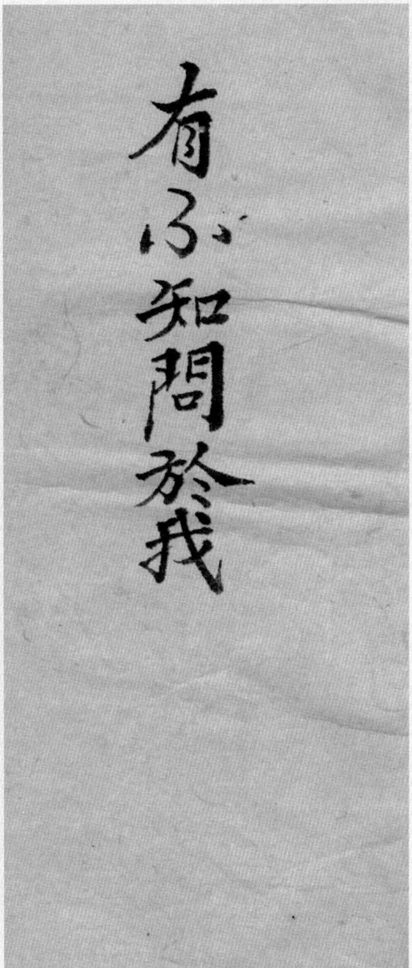
有不知問於我

11

看風水的人

張家《有不知問於我》

館藏號 2015.017.0010
年代 1868 — 1898 年間
材質 紙質
尺寸 6.1 公分 × 12 公分 × 0.6 公分

關於消災解厄的符咒，家屋、陰宅的風水地理，是漢人社會常見的日常需求。過去被社會大眾視作掌握趨吉避凶，術數法則的風水師，他們被賦予陰陽宅風水、卜卦問事的職責，因應人們需要，施咒除煞，影響所及庶民文化層面，讓我們進一步想像奉行風水習俗的人們，因襲而成的日常生活樣態。藉著瞭解臺史博館藏三芝地區露出的這批手寫線裝書，或許可以進一步窺得清代地方人們的日常生活側面，見證這門行業的傳承。

風水師所具備的知識

從這批線裝書上，我們發現六枚不同時期的張家人名字，這來自今新北三板橋當地家族，陸續留下呈現出在地性、即興取向的手稿物件，而在地方上形成對環境的詮釋。根據書寫載入者的行爲，風水師專業的謄抄、訂定寫錄，也是成就積累知識，以及「知識」功能性轉化的兩種模式。其中少數手稿則有紀年，推測最早爲一八六八年（同治七年），最晚則是一八九八年。

書的內容包含風水類別、卜筮問卦、字書蒙書與醫療藥理，當中許多符錄咒語的持用範式，涉及到生、死、災、病、禍等，與民衆現實與日常需求相應，亟需祈神禳鬼的專業知識。風水的對象多半是陽宅（住所與聚落）或陰宅（墳墓），風水師靠著羅盤與各自學養經驗，進行操作與實驗。從張家手稿裡的風水知識包含：《協象書集造葬論》、《劉氏家藏》卷八、《造葬總論六則》，多冊《地理全集》。

清代臺灣社會，「風水」不僅是一項趨吉避凶的術數法則，也是一套世人判斷吉凶禍福的價值觀念，更是一種民間習以爲常的生活方式。風水堪輿，提供趨吉避凶的依循——風水師所應具備的本事。如何選擇吉地佳壤，如何符合風水格局，護龍保脈，庇蔭後代，就成風水師的職責。三板橋當地民間信仰發達，以這批線裝書推想大廟尚未蓋立的光景，但一定少不了風水師，運用堪輿符籙，爲人們除厄解惑。

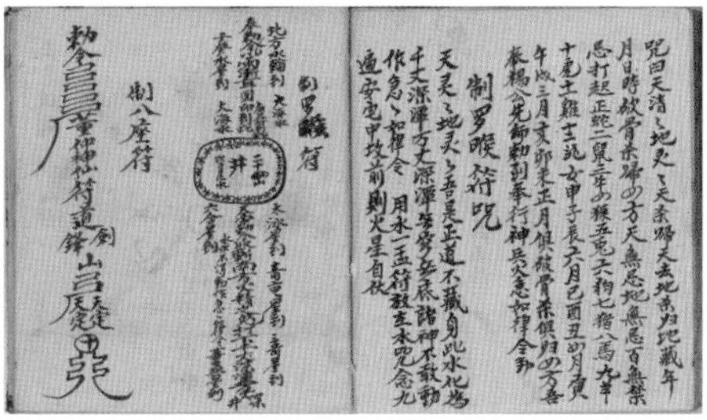

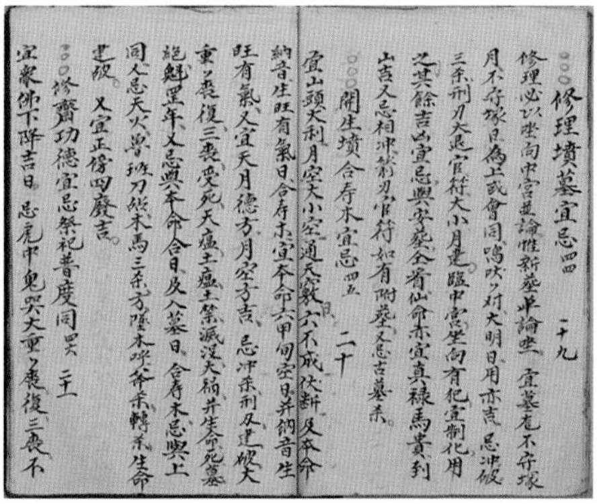

◓《地理全書》內頁所錄相關符咒樣式。（館藏號 2015.017.0007）

◒《劉氏家藏》內頁說明修墳、祭祀需注意事項。（館藏號 2015.017.0017）

從一脈相承到在地思維

風水術數本被視作旁門左道的學問，但這批資料，讓我們看到當地聚落受到風水知識影響甚鉅，結合道教、佛教、醫學、民間禮俗、儒家教化，彼此吸納、附著共生。若以渡邊欣雄對於漢人宗教的講法，臺灣民間信仰是一種現世利益的宗教，有著敬天尊祖的傳統信仰，而宗族大體上分為：神明、祖先與鬼神祭祀，各自不同的宗教禮儀，也對應出人們不同的禍福吉凶。

渡海來臺的移民，除了帶著冒險的決心，其實也將歷史裡的民俗習慣與漢人文化攜來。這些文化包含：傳統天人感應、陰陽五行與宇宙觀，也具有儒家禮教、道教風俗，或者傳統醫療行為與療方。這群移民，即使能夠安然抵達，還要面對生存競爭的嚴峻考驗。開闢之初，除了尋獲生命延續的基本水源物資，並妥擇適宜地點之外，為了彌補心理對於未知的不安全感，將這片新天地貼上漢人熟悉的空間符號，號召群眾從事開拓，亦不失為一有效的作法。而需要風水觀念，俾求福地庇佑而能地靈人傑，以保證地方安定與人畜興旺。同時，也需要靠著觀念習俗，如祭祀、醫療所需，在移墾社會落地生根。

因為來到異鄉，以往的做法觀念需要作出轉折與補述。書中所舉，手稿中所舉之造墓論述，雖因循原典內文或為山東、浙江等地，但風水師尋找風水佳穴的時候，仍有各項現實細節要考量，於多頁後面，都記載筆劃屈曲的各式符籙，依照所需，召請鬼神、醫治、主邪及鎮宅的功能，並且留意儀式所採用的物質。風水師爲求生存場域平安和諧的保證，其實有其在地思維，醫學知識、應酬禮儀等內涵。

風水之說在遷臺漢人卜居擇建與相地營葬的環節上發揮作用，對於區域拓墾、聚落發展或地方建設的推動，也扮演重要角色。另一方面，傳統風水習俗的實踐，是建立在人與土地的互動關係上；遷臺漢人居於斯且葬於斯，風水的存在，成了移民落實「在地化」的具體方式。

這些感應祈求生存的背後，同時也可能隱藏當地人們渴求安好，以利諸事的集體心態。

風水師的貢獻

對於一個傳播專業知識，當地民衆進行社會服務的風水師來說，他們可能是在官方的教化系統裡長成（或受到影響），受過一些知識，也能識字，似乎通達儒家傳講的風尚禮俗，所以懂得擇要記下因應世情，並合於庶民生活具體需求，如慶壽、賀新婚、得功名，或祭弔等，寫成各類禮儀所需的稱謂常識。如同歷來人人盡知天干地支甲子紀年，配合著五行，若要更多風水術數的專業，舉凡勘輿、擇日、紫微斗數、命理相術，專業術語多，就得靠口訣；爲人看風水，進行房屋墳穴丈量，需要精準明快，以「丁蘭尺法」、「魯班尺法」籌算，並以蘇州碼記錄下來的口訣，這些都是因應而生的專業。連同醫病給藥方，也是靠著粗淺歌訣，從閱讀、實務、傳抄，到訂定，這意味地方社會的風水師個人進行學問修業，經驗積累，將實用性的知識傳佈，

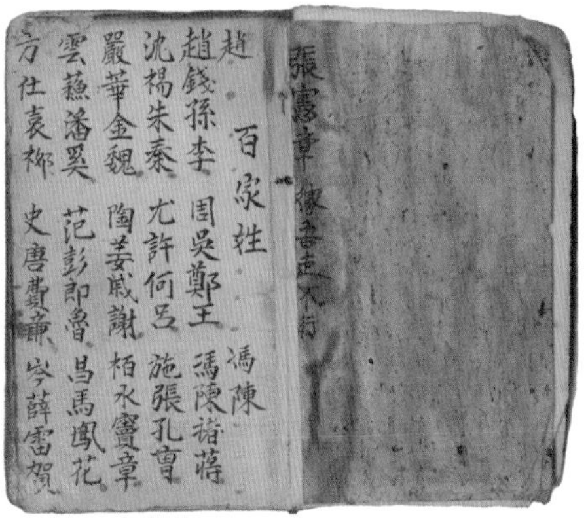

《切要什字》內對於雜貨名稱的紀錄。（館藏號 2015.017.0004）

而在有些區域內，風水師兼備許多面向的服務，應援層面比我們想像中還廣。

我們究竟該如何記錄、看待這些手稿文物，便是我們應該積極的道路。符咒用過即焚毀遺失，過去向來微渺詭秘，或以私傳口述的方法，傳遞這門風水知識的文獻，或從知識傳遞，或深化成爲知識建構；從簡單化一的認知，到多元實在的論述，從訊息詮釋，到知識形塑到創造故事，博物館希望可以造就知識建構的相對性，重新認識地方信仰與習俗的構成、演變及發展軌跡，亦可揭示近世道教法術、儀式的創生機制與融合過程，勢必把握每一枚可能「物件」衍生爲「經驗」的觀點轉換。（劉維瑛）

延伸閱讀

- 渡邊欣雄著，劉正愛、周星譯，《風水的社會人類學：中國及其周邊的比較》。苗栗：客家委員會客家文化發展中心，二〇二二。
- 洪健榮，〈風水習俗與臺灣區域開發的互動〉，《臺灣文獻》五七卷一期（二〇〇六年三月，南投），頁二二五—二五四。

臺南府正堂

12

當官差的人

古代的走動名片

人在社會走跳，有一種稱作互相「抬轎（kng-kiō）」的關係，是藉由古代官員及神明出行時的場景比喻一套社會人際網絡的經營模式，這種關係不僅僅是拉抬上位者的聲望與勢力，抬轎的人也可藉此接近權力的核心，上下共同維繫群體的利益；群體之外更可以高舉著權力核心的招牌，仗勢行事。

實際上在古代，官員出行巡視時，不僅是轎輿需要被抬，在此之外，當仕紳或新科舉人進士獲得品階官銜、官員晉陞時，不但可以置

臺南府正堂執事牌

館藏號 2009.009.0246

年代 1887 年

材質 木質

尺寸 45 公分 ×190.8 公分

五人抬轎明信片。（館藏號 2020.008.0182）

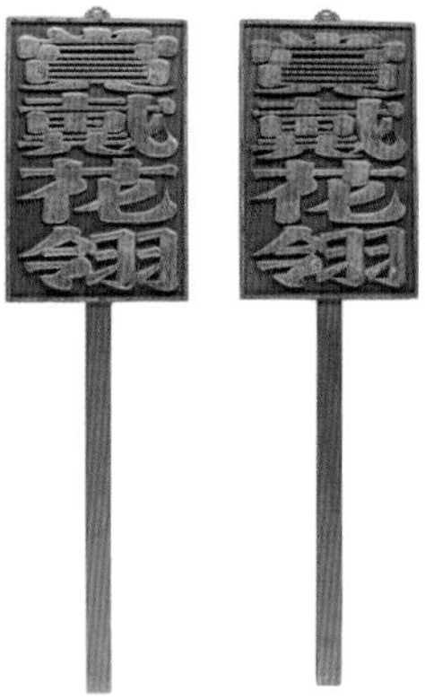

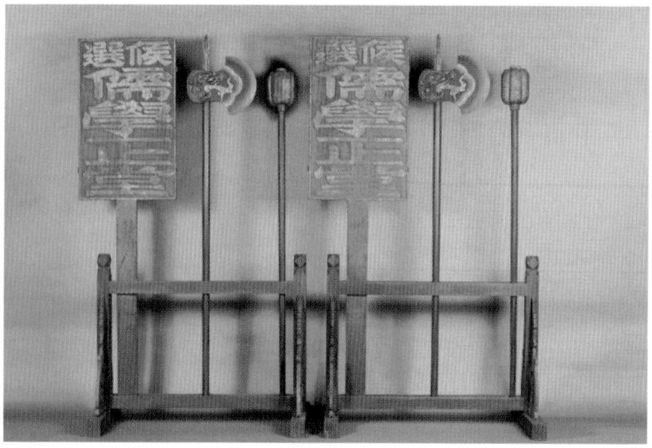

◐ 傳霧峰林家「賞戴花翎」執事牌。（館藏號 2013.020.0446）

◑ 候選儒學正堂執事牌。（館藏號 2015.011.0028）

辦全套頂戴官服及車輿，同時還能製作執事牌（又稱「肅靜迴避牌」）作爲專屬儀仗，其外型爲帶有長柄的方形牌面，常作紅底金字。在臺史博藏品中，即有題著「臺南府正堂」的執事牌，爲一八八七年臺灣建省後，原臺灣府改設臺南府後的知府大人（從四品）所用。另在等待朝廷詮選職缺的準官員亦可製作執事牌先行榮身，所見館藏另一組「候選儒學正堂執事牌」，其爲低階文官（正八品）所用，該組執事牌另搭配有鉞與立瓜，讓我們得以看到完整的官員儀仗。

除了署明官銜，亦有標榜特殊恩賞的內容，如館藏另一對「賞戴花翎執事牌」，「花翎」係指清代官員冠帽上特有的孔雀尾羽裝飾，依其翎眼數量分成單眼、雙眼、三眼這三個等級，所謂「賞戴花翎」，即是意味朝廷授予官員在自己的官帽上配戴花翎的權利，最初唯有特殊戰功者方能獲得，然自道光咸豐朝後亦可透過捐納方式，明碼標價取得。

執事牌於戶外作爲官員外出巡行儀仗，使用時由衙役分列兩排持舉，故相同詞句牌面左右成對。當官員出行時，諸如執事牌等的隨行儀仗器具方能構成完整的行列隊伍，使陣仗肅穆莊嚴，然而這需要隨行的胥吏或衙役來充當人力。如國立臺灣博物館典藏〈林天木臺灣巡行圖〉中所描繪巡臺御史出行隊伍中，即看到隨行人員綿延不絕，其中衙役們雙手持舉著執事牌，將牌面撐於肩膀一側，將字面朝外。直至日治時期，前清的地方仕紳在往生時亦維持傳統官員出行的傳統，在送葬隊伍中列出執事牌，宛若回顧著身前身後的榮耀。

斗大的金字宛如行動的標籤，在官員出行時，讓沿路的百姓，一眼即可明瞭官轎上的官員等級。執事牌除了具備以壯行伍陣容的功能，也是行動的履歷，供觀者細數官員的功名、獲得賞賜及多重榮銜的身份，比較當代地方政府首長常見穿著印有大名職銜的公務背心，或許更爲威風。

此外，執事牌於室內時，則作爲衙署正堂或私宅公廳兩側的陳設用器，館藏「候選儒學正堂執事牌」即有配備專屬陳架，透露出執事牌安置時的展示用途，使登門拜訪的賓客、接受偵訊問案的平民，感受空間主人的權力與威望。在祠堂上更是作爲記錄歷代先人功名榮譽，提醒後世子孫致力於科考與武功，方能晉身位列官紳序列。

「杖」勢的好處

然而，不管是實際上或人際關係上的扛轎，究竟有那些好處呢？十九世紀的府城有一個許姓家族，其成員許朝錦與許朝華兩兄弟就曾擔任過府署衙門胥吏，負責「扛轎」，其親屬亦有擔任衙門差役者，其中哥哥朝錦甚至與知府大人結爲師生，總辦捐建考棚、修繕城牆等工程及地方稅捐業務。

兩兄弟對上懂得打點規費或禮金攏絡官員，必要時捐納軍需、招募義勇，藉此獲得軍功，甚至得以冒捐同知得逞，對下極盡私吞、詐索、私押、擄搶、圖占、拷掠、奪產之惡事，如總辦府城考考棚城牆工程間挪用捐款，又索詐欠稅案當事人誆騙打點費用，以致被二度參劾。然許朝錦醜聞曝光後，上到督撫、下到府縣官員皆採取包庇及袒護的態度，透露出許氏與府城官商的良好關係。許朝錦最終雖被判決發配新疆，但又經弟朝華捐輸朝廷一萬五千文制錢以代兄贖罪，加上閩浙總督與福建巡撫以地方防務尙需有力人士募集義勇爲其求情，最終僅革去監生身分、候補同知頭銜以及軍功賞戴藍翎，便得以倖免。事後許家之發展並未因此而撼動，爾後其弟許朝華更獲得包賣樟腦的權力。然在諸多負面指控的背後，亦凸顯許家因其地方勢力與社會號召力，得以承擔並解決官府的財政問題，成爲官員們採取特殊手段的白手套，此外並提供地方防禦之義勇人力，支援官員的行政效能與威信，致使官方也給予諸多特權與方便，使其子弟得以晉身士紳階級。

時至今日，扛轎的社會關係不僅存在於我們的日常生活，在宗教信仰中也可見其蹤跡，如宮廟或神明遶境時，可以看到辛苦扛著執事牌等儀仗器具，邁著堅定步伐伴隨聖駕前行的執事人員，彼此也因透過身體的力行，親身參與其中，拉近與神明的距離，藉此獲得神明的庇佑與眷顧。（廖伯豪）

延伸閱讀

・盧泰康、廖伯豪，《108-109藏品文化資產價值分析計畫結案報告》。臺南：國立臺灣歷史博物館，二〇二〇。

・李佩蓁，《地方的視角：清末條約體制下臺灣商人的對策》。臺北：南天書局，二〇二〇。

◓ 1922年台南鹽水地區前清仕紳送葬隊伍之神亭暨「儒學正堂」、「中書科中書」字樣執事牌。（出自國家圖書館「臺灣記憶」網站）

◒ 癸卯年善化聖興宮謁祖進香回鑾大典，圖中可見臺灣傳統神明遶境中常見的執事牌隊伍。（廖伯豪攝）

生意興隆

吉祥如意

13

補碗的人

補碗與玉環攤

館藏號　2010.031.0280
年代　1895 — 1945 年
材質　複合材質
尺寸　174.1 公分 × 54.5 公分 × 61 公分

甚麼是鋦瓷？

家裡的陶瓷碗盤打破了，怎麼辦？現代人就直接丟入垃圾桶，然而在早期物資缺乏的年代，陶瓷碗盤既珍貴且厚實，但難免會遭遇破損，人們便發展出一套修補陶瓷的技術。有用金漆修復者稱爲「金繼」、有用金屬釘縫合者稱爲「鋦瓷」，而臺灣民間較常使用者爲「鋦瓷」，俗稱「補釘」或「補硘仔」，而以此爲生的匠人則稱爲「鋦匠」。

所謂「鋦瓷」就是用鑽子將碎裂的陶瓷裂片兩端穿孔，且不穿透器壁，再用金屬絲串接或用「ㄇ」型的金屬釘，亦稱「鋦釘」，

彩繪花果壽字紋鋦釘碗，共碎裂三片，碗上用了13根金屬釘將碎片接合起來。（館藏號2004.028.0881）

青瓷刻花鋦釘碗，本件青瓷刻花紋碗剛好對半破損為兩半，碗身上面尚存8個鋦釘，有4個鋦釘掉落，僅餘兩兩相對的孔洞。（館藏號 2004.028.0880）

如釘書針一般把破損的陶瓷碎片釘合。根據前臺灣省文獻委員會主委簡榮聰的訪談資料表示，有時鑽孔還要塗花生油使其滋潤，以利鑽孔；或使用糯米糊調和石膏、生石灰、瓷粉等，協助破片間及鑽孔施加鋦釘後的填補，以恢復盛水盛物的功能。

在臺史博庫房中有兩件破損的碗「青瓷刻花鋦釘碗」及「彩繪花果壽字紋鋦釘碗」，即是用這種鋦釘來接合，在碗的外側均可見到數個金屬的鋦釘，加固在碗壁上。這兩件補釘碗，保留了文物的歷史痕跡，呈現鋦瓷工藝外，藉由這兩件鋦釘碗，讓我們也回想起早期這群「補釘」或「補碙仔」的職人。

沿街叫賣的補碗小販

日治以前，臺灣的瓷器多從中國輸入，這套修復瓷器的「鋦瓷」技術也隨著移民來到臺灣。日治初期的《安平縣雜記》中，描述了「補碗司阜」的工藝：「以銅釘兩邊，綰之使不相離，工價每釘十文、五文不等，非用鑽石不能引孔。」鋦瓷用來穿孔的錐子，需用金剛石等級才能在堅硬的瓷器裂片上鑽孔，再用銅釘將破片貫穿，使之

臺灣寫真會編纂發行《臺灣寫真帖》第拾集〈補碗補皿人〉。此為日治初期日人來臺，在街頭所拍照片。補碗人赤腳頭戴斗笠，挑著工具箱，沿街叫賣「補碗補盤」，蹲坐在街道旁認真地修補陶瓷器皿。（館藏號 2006.008.0083）

不分離。鋦瓷的工藝使破損的瓷器得到了重生，減少了購買新瓷器的費用，同時也造就了鋦瓷行業的發展。

早期補碗的師傅多用扁擔挑著工具箱，沿街叫賣，臺史博收藏的「補碗與玉環攤」，是兩個髹黑漆的木箱，箱體上均有雙獅彩繪、牡丹花紋、石榴花紋，一個書有「日進斗金」、「生意興隆」字樣；另一個則書有「堆金積玉」、「吉祥如意」字樣。箱體分別有小抽屜，上蓋可以打開，置放補碗與修補玉環的工具與材料。在這兩個箱子中，大部分的工具已遺失，僅保留少數的工具與鋦釘。

將工具箱挑於肩上的師傅，一面行走，一面使用響器發出聲響，或出聲吆喝，以招攬顧客。這組補碗與玉環的攤子裡，有一組響鐘、鈴鼓，是爲了招攬顧客的響器。人們在遠處聽到叫賣聲和響器的聲響，就知道補碗的人已經到來，紛紛將家裡破損的碗盤器物，拿出來請補碗師傅修補。

日本時代臺灣寫眞會編纂發行的《臺灣寫眞帖》第拾集中，有一張補碗補皿小販的照片，呈現出補碗小販的眞實風貌。照片中有一位坐在路旁的小販，左手持著錐子，右手拉起長弓，仔細地在破碎的瓷器上穿洞，赤腳蹲坐在板凳上，膝蓋上夾著破損陶甕，聚精會神的施其巧手，將破損的瓷器，一片一片補起來。文中也提到補碗的方法「是一錐子將碗盤穿洞，再用銅或銀製的釘子在數處做連接……使用的錐子尖端鑲嵌的細石據傳為金剛石。」

除了補碗之外，補陶甕、陶缸的技法也相似，一九〇三年（明治三十六年）佐倉孫三著《臺風雜記》也提到「釘陶工」，「臺島漆器少而陶器多。凡飲食器具，用陶磁器。是以補綴其既破壞者，自得妙。有釘陶工者，以小錐穿穴其兩端，以金屬補綴之。」

戰後，因為陶瓷產業的發達，陶瓷器皿大量生產，價格低廉，修補碗盤的需求不再，修補碗盤小販的叫賣身影也消失了。然而鋦瓷匠師所展現的琢磨精神與工藝，成為惜物與念舊的追尋，鋦釘的瓷碗或匠人的攤販成為博物館的收藏，更有許多人開始學習與推廣鋦瓷工藝，以延續過去匠人的精神與技藝。

透過鋦瓷的碗、攤販的工具，見證了過去鮮少被寫進歷史的職人與小人物。卡爾（Edward Hallett Carr）說：「歷史是現在和過去永無止境的對話」，藉由博物館的藏品，開啟的我們與過去職人的對話，博物館裡的修護師面對各種材質的文物修復技術與專業，是運用現代技術進行文物的修復，而「鋦瓷」啟動當代修護師與過去修補技藝的對話，鋦釘的痕跡代表的是時代的痕跡，因此當代修護不會擅自移除，不論是博物館的修護師或是補碗的師傅，修復的技術都不只是修復文物，也修補人的記憶與人的心。藉由這些物件，彷彿聽見遙遠的叫賣聲，在記憶中迴響。（陳靜寬）

延伸閱讀

．謝明良，《陶瓷手記：陶瓷史思索和操作的軌跡》。臺北：石頭出版股份有限公司，二〇〇八年三月。

．簡榮聰，《臺灣碟盤藝術》。臺北：臺北縣鶯歌陶瓷博物館，二〇〇一年。

不同時代可能都有修理陶瓷器的工匠，除了其所使用的修補材料各有差異外，其實也和不同地區、所需修補的陶瓷器有關，過往會看到低溫陶器，多以植物纖維、樹皮、皮革或鐵絲等材料綑起，而高溫瓷器，則多以「ㄇ形」金屬鋦釘修補，根據文獻，其可能有鐵、銅或鉛等材料。

爲了要獲得館藏這幾件鋦釘的確切資訊，我們使用XRF來檢測，金屬鋦釘的尺寸很小，因此需要額外檢測陶瓷器的微量元素，以排除法確認鋦釘成份，最後確認臺史博的碗盤鋦釘，多爲鐵質，少數則爲銅材質。（鄭勤思）

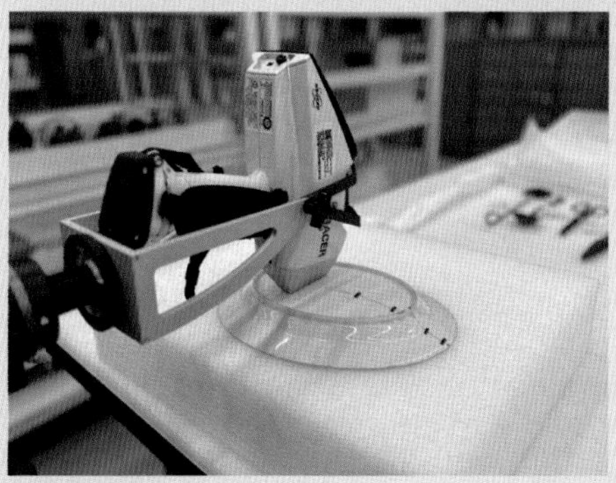

◓ 使用XRF檢測館藏盤上的鋦釘材質。

14

撐船的人

三代船家之寶

林家單桅手撐船

館藏號 2002.008.0001（林文旗先生捐贈）
年代 約 20 世紀初
材質 木質
尺寸 808 公分 × 222 公分 × 80 公分

臺史博一樓大廳的出口處有一艘相當引人注目的單桅帆船，捐贈人是現住在臺南市安南區的林文旗先生，他把家傳三代的傳家寶捐給了博物館。這艘單桅帆船正確的名稱是「手撐仔」（chhiú-the ah），也就是用竹篙撐動行進的船。類似這種「手撐仔」帆船在早期陸運交通不方便的臺灣社會，是沿海及沿河居民往來交通、運輸生活用品的重要交通工具。原則上「手撐仔」只能在安平的潟湖、內海，及河川上航行，不能到外海。「手撐仔」這種船型於清代已經在臺江內海一帶航行。

「手撐仔」自林文旗祖父林老福先生開始使用。在日本時代，林老福擁有的五艘「手撐仔」主要是用

航行在臺江內海的小船，收於1827年出版《古代與現代服裝》（*Il Costume Antico e Moderno*）。（館藏號 2002.006.0147）

來將位在四草（今安平區四草里）安順鹽場的產鹽運往安平，運鹽也是林老福主要的收入來源。日本政府在一九一九年（大正八年）開始在四草闢建安順鹽田，因該地對外交通不便，又闢建了運鹽碼頭、運河，通往四草湖，再透過這種傳統的「手撐仔」將鹽運往安平港。

安順鹽場在一九四七年停工，林家的五艘「手撐仔」不再負擔運鹽業務。林老福一開始還擔心兒子林天慶未來的生計問題，但安平、四草一帶的魚塭、住家還是需要有船來幫他們解決貨運和其他民生物資運輸的問題，因此林家的船轉換跑道，做起幫周遭有需要的人載貨

林文旗先生與「手撐仔」。（石文誠攝）

日本時代以安平港為主題的明信片中，也常出現「手撐仔」的身影。這張明信片中右側張著帆的船隻即是。（館藏號 2001.008.0689）

運輸的生意。這時林家的船從五艘減到了二艘，一大一小，大的就是捐贈博物館的這艘。當時「手撐仔」常載運各種民生日用品，項目包羅萬有，貨物、建築材料、飼料、飲用水、大厝（棺材）、水肥，甚至嫁娶的禮品等等。水肥主要是載運給安平一帶魚塭業者餵魚用。

林文旗還記得小時候會上船幫爸爸跟哥哥搬東西，當冬天天氣冷時，爸爸會要他躲到船頭處一個小艙內。林文旗說爸爸身體很好不怕冷，十二月天的氣溫，還是全身脫到只剩短褲在撐船，就算跳到水裡面也沒關係，他自己則是衣服穿得很厚還一直發抖。林文旗的父親林天慶生於一九一一年（明治四十四年），從十四歲就開始跟著父親林老福撐船，到快七十歲才退休。「手撐仔」大概使用到一九八〇年左右，當陸路逐漸修築後，車子已經能夠通到過去要靠水路連接的各庄頭，「手撐仔」就自然逐漸被淘汰。

乘載記憶，見證時代

筆者幾次對林文旗先生的訪談，他重新勾起環繞這艘「手撐仔」的早年家庭生活記憶，特別是關於他爸爸的記憶。也在講述的過程中，更加深了他對這艘船的認同與榮譽感。有次林文旗先生拿來一塊刻成方形的木塊，說這是他父親在船上睡覺休息用的木枕頭，要捐給博物館。這個木枕頭底部還有二個小孔，剛好可以用手指抓拿，甚爲方便。林文旗先生說以前要進入四草大眾廟紅樹林一帶那段水路，要等漲潮時船才進的去。當在等水漲潮時，爸爸通常會在船上睡覺等候，當天氣冷或下雨的時後，爸爸會窩在船艙睡覺，夏天天氣熱直接在船上舖一下就可睡了。

過去臺灣西部沿海許多村落因缺乏農地，帽蓆編織就成了家庭副業之一，所以是由婦女從事。比較爲人知的帽蓆編織地如中部的苑裡、大甲、清水等地，但臺南的北門、佳里、安平、灣裡跟高雄的茄萣過去也曾是帽

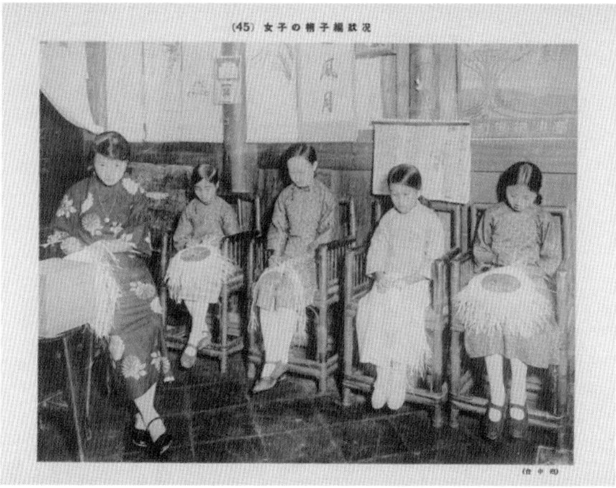

日治時期編織草帽情景。（館藏號 2004.020.0107.0045）

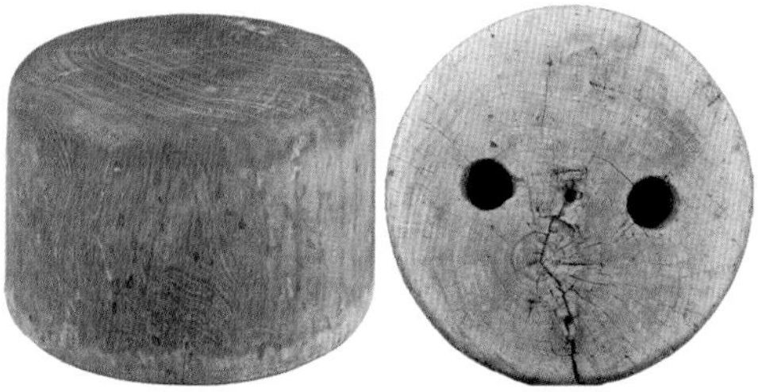

林天慶拿來當枕頭的編織藍草帽的木製帽模。（館藏號 2013.053.0001）

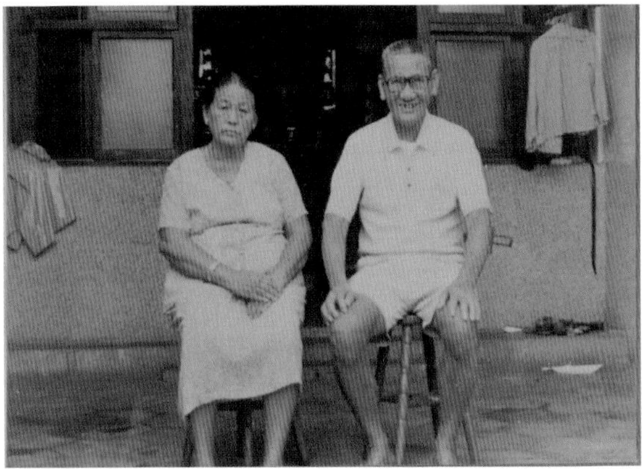

林天慶夫妻合照。（館藏號 2013.053.0002）

蓆編織產地之一。以帽蓆編織爲農村副業，隨著臺灣社會環境的變遷，大概在一九八〇年代以後就慢慢沒落消失了。

藺草編織跟「手撐仔」大概在同一時期，被越來越「現代化」的臺灣社會所逐漸遺忘。「手撐仔」被靜置港邊一角，最終來到了博物館。放在「手撐仔」上的枕頭，一開始大概是林天慶妻子拿來編藺草帽的模子，但被林天慶發揮創意，順手拿來放在船上當枕頭用。這個帽子模可說同時見證了「手撐仔」與藺草編織的興盛與沒落。（石文誠）

延伸閱讀

- 石文誠，〈船家之寶「手撐仔」的故事〉，《歷史臺灣》五期（二〇一三年五月），頁一三三—一四二。
- 周錦宏總編輯，《日治時期苑裡的藺草與帽蓆生產》。苗栗：苗栗縣政府文化局，二〇〇一。

15

揀茶的人

總督府殖產局出版
《福爾摩沙烏龍茶》

館藏號 2003.014.0096
年代 1904 年
材質 紙質
尺寸 27.1 公分 × 21.1 公分 × 1.2 公分

在講求文化創意的現代，人們將地方特產塑造成伴手禮，也將臺灣物產推上世界舞臺。然而，茶這項臺灣「土產」晉升爲「名產」的過程，僅靠口碑累積是不夠的，還包括許多不可或缺的要素，例如：產品研發精進、商業的廣告行銷等；其中，女性的參與更是功不可沒。這本臺灣總督府殖產局於一九〇四年所出版的《福爾摩沙烏龍茶》，全書以英文撰寫，介紹臺灣的茶葉產業：茶的種植、栽培、製茶過程、包裝、出口。書中收錄茶園、製茶工具、揀茶女、烘焙室內製茶、茶箱、茶葉工廠等多張插畫及照片。本書的封面製作優美，右上角爲字型別緻的英文書名「Formosa Oolong Tea」，左下角爲一採茶女的人物特寫，斗笠掛於胸前，右肩背著裝茶葉的壺型大竹簍，其身後的背景是遼闊的茶園，園中有三名採茶女。茶葉的種植、摘採、揀選、加工都需要密集的勞力協助，尤其是摘採、揀選的工作繁瑣細碎，多由婦女負責。採茶女在茶園從事茶業的摘採，揀茶女在大稻埕參與精緻茶的揀選。

臺灣因地理環境及氣候，相當適合種植茶樹。自清朝開港通商以來，茶葉貿易逐漸成爲北臺灣主要的經濟來源之一。在十九世紀晚期，臺灣北部的大稻埕，因爲國際通商口岸的設立與茶葉出口貿易的興盛，城市經濟發展，洋行土商在此匯聚，茶行林立、市街擴張。日本時代之初，臺灣總督府極爲重視臺灣茶葉的發展，立即對臺北和新北等主要的產茶區進行調查，臺灣茶葉並與時俱進，從傳統行業邁進現代化經營，例如茶葉經營管理、人才養成、優良茶樹的選種、茶葉的栽培和採摘方式的改良、製茶的機械化、品管機制、產銷組織建立、行銷宣傳手法、國際市場拓展策略等，所涉及的內容廣泛而深入。不僅打造「茶」爲臺灣名產，女性工作者的參與角色和

◐《福爾摩沙烏龍茶》一書中揀茶女照片。（館藏號 2003.014.0096.0016）

工作場域也從後台生產加工，走向前台侍茶、銷售，她們在茶葉生產歷史上留下精彩一頁。

「揀茶女」圖像，收錄於《福爾摩沙烏龍茶》這本書，畫面所見的是大稻埕街頭揀選茶葉的繁忙景象，圖中密密麻麻地坐滿了揀茶女，圍坐於裝滿了茶葉的淺盤（笳笠），三個至四個婦女負責一個大竹笳笠的份量，一同將枝、梗、壞葉等揀出，以維護茶葉的品質；除了揀茶女，還可以看見小孩坐於正在忙碌的母親身旁。這些婦女們，一面嫻熟地翻挑著黃葉與雜枝仔，一面與工作的女伴愉快地談天說地。茶行旁的「亭仔腳」，不僅是她們的工作場合，也是揀茶女重要的社交休閒場所。

匯聚街頭的揀茶女

製茶產業需要大量人力，尤其是精製茶，

生產過程中對於茶葉精細好壞以較高的限制，在茶葉加工前需進行繁瑣細碎的挑茶青、揀去雜枝壞葉的揀選工作。由於當時農業社會，婦女在以務農爲主的家庭中，多被視爲剩餘勞動力，加上女性被認爲具備細膩專心的特質，因此揀茶工多爲女性所擔任，成爲塡補勞動力缺口的重要人力資源。這些因爲揀茶而匯聚街頭的製茶女工，被稱爲「揀茶女」。從每年農曆二月春茶初產，經過夏季，一直到冬至前最後一批冬茶結束前，繁忙的大稻埕地區，來來往往滿是勞作於各家茶行間的揀茶女。根據一九〇三年的調查報告，當時大稻埕有大小茶行近兩百間，繁忙時每日總共可雇用近兩萬名揀茶女。例如美國記者，後來成爲美國駐臺領事的達飛聲（James W. Davidson）在其著作《福爾摩沙的過去與現在》中便這樣形容道：

> 第一次於夏月來到大稻埕的訪客，常對夜以繼日擠滿該地的女孩為之咋舌稱奇……女孩穿上最好的衣服，梳妝細膩，髮型簡直像藝術品，還插滿芳香四溢的玉蘭花、危危顫顫踩著三寸金蓮，登場亮相，準備讓茶市大眾為之驚豔。

此外，例如甲午戰爭後，隨日軍抵臺的文官佐倉孫三，在其著作《臺風雜記》描述大稻埕製茶時節匯聚街頭，爲數衆多的揀茶女實爲奇觀；又如史學家連横於其著作《臺灣通史》之農業志提及揀茶女：「貧家婦女揀茶維生，日得兩三百錢，臺北市況爲之一振」。揀茶女受雇於茶行，以揀茶工作賺取薪資，並活動於城市公共空間，不像待在閨閣的傳統女性，亦有別於為家庭而勞動的農家婦女。像這樣一群揀茶女滿滿群聚於亭仔腳的景況，成為大稻埕獨特的城市風景。此時，揀茶女的形象更透過畫報，傳播於海外。

揀茶工作主要是按量記酬，依照不同的茶種有不同計價，一般而言，每日約能有二十至三十錢的進帳，在當時也算是不少的收入了。雖然當時的社會尚無「職業婦女」這樣的概念，但因為有了較為穩定的經濟收入，不少婦女為了往來茶行工作方便，開始在大稻埕周邊租屋而居。只是雖然通勤便利了，但是揀茶女受到往來男性茶工與行商的騷擾事件，也便時有所聞，即使後來因為警察機關的關注而有改善，卻也無法讓她們感到完全安心；即使有機會投入經濟產業，賺取更高的薪資，女性在當時的社會仍屬弱勢。

然而，縱使今日聞名世界的臺灣烏龍茶，在外銷初期，也只被視為名不見經傳的香味茶。茶這項臺灣「土產」晉升為「名產」的過程，不單仰賴著婦女從揀茶到侍茶的職業角色擴展，還有日本時代官方舉辦各式「博覽會」的契機，善用行銷的策略、廣告的手段、產品的區隔等商業要素，缺一不可。

博覽會中的臺灣茶

由於日本時代興辦「博覽會」形式的物產展售會，商人在博覽會設置「喫茶店」創造人氣，打響臺灣烏龍茶名號，各式茶商商品目錄中，都將烏龍茶列為必備品。此外，各式

◐ 1910年日英博覽會的福爾摩沙烏龍茶室。（館藏號 2018.001.5601）

文宣出版物及觀光行程的配搭，也是名產崛起的關鍵要素。一九一〇年五月起，爲慶祝日本與英國締結同盟關係，在英國倫敦舉辦「日英博覽會」（The Japan-British Exhibition），介紹兩國特色，展出日英名產，爲期半年。面對英國這個老牌殖民帝國，日本也不甘示弱，安排了特別展館，展出臺灣、朝鮮等殖民地特產。臺灣總督府負責規畫「臺灣廳」，當局很重視這項博覽會，安排推出的展示內容豐富，包括茶園與採茶人的模型、臺灣島與原住民模型，以及樟腦、米、茶、糖等特色物產，展示模型由日本名師製作。臺灣的展示受到重視，成爲日本參與和舉辦國際或國內博覽會時的重要展示主題之一。

臺灣廳內附設喫茶店，建築的屋頂牆角牆面中央有日本旭日旗的圖騰，圖騰下方有 FORMOSA OOLONG TEA ROOM（譯：福爾摩沙烏龍茶室）兩排英文字樣。建築前方有庭園及二座日本神社鳥居模型。近景可見熙來攘往、穿著正式紳士淑女服飾的參觀民衆，平日都有二千人，假日更在三千人以上，英國人有喝茶習慣，特別是下

◐ 臺灣烏龍茶海報，海報中有穿著傳統唐衫拿著茶杯的女子，另有一張桌子，上方擺著茶盤、小湯匙與兩盒茶葉。（館藏號 2008.002.0002）

◑ 臺灣烏龍茶與紅茶的海報，海報上採取日英對照的書寫方式，海報主視覺為穿著日式和服婦女，手持紅色瓷壺，桌上有瓷杯、茶托等，臺中公園之湖心亭為背景。（館藏號 2017.031.0001）

午茶時間，喫茶店水洩不通。福爾摩沙烏龍茶室之所以門庭若市，與主事者斟酌每個細節有關，茶室中佈置藤枝編成的花朵，四壁之間又掛著有美人圖的臺灣茶廣告，每個玻璃窗則掛上珠簾，很有東方情調，因此在博覽會諸多茶室中生意最好。來自臺灣的烏龍茶也引起英國人注意，一炮而紅，女服務生更是吸引目光的亮點。

雖然臺灣烏龍茶很早就銷往英國，但只被視爲沒有品牌價值的香味茶。在博覽會的助攻之下，臺灣烏龍茶之所以可以成功進軍英國，官方於消費行爲分析、產品定位、行銷廣告等項目都花了一番功夫。例如透過繪畫廣告與明信片，建立品牌形象，光是明信片，一個年度

本張海報畫面中有一位女子，身穿旗袍、戴手錶和珍珠腕飾，手持蓋茶，背景有兩株鳳梨盆栽——具有臺灣代表性的熱帶水果，增添南國風味與想像。海報上方寫著「FORMOSA OOLONG AND BLACK TEAS」，即臺灣烏龍茶和臺灣紅茶。（館藏號 2008.002.0001）

就印了八十幾萬張。據說，銷往日本的烏龍茶包裝廣告，採用日本女性形象，用以吸引內地消費者。銷往歐美的烏龍茶包裝廣告，採用的是臺灣女性的形象，強調產品的臺灣特色，有些圖像設計爲了滿足觀光客對臺灣熱帶風情的想像，而添加具有南國風味的元素，例如鳳梨等具有臺灣代表性的熱帶水果。

此外，官方也有補助博覽會中的喫茶店、或者在各地旅店中，提供試飲的方式，開發新客源。在分眾行銷策略方面，深入了解英國人喜歡味重色濃的印度茶，特別是頻繁沖泡而仍有茶色者。但是烏龍茶的茶色淺，無法與之競爭，必須強調其「香氣」來取勝。同時，由於烏龍茶定價比印度茶高，銷售上應避免與印度茶削價競爭，因而目標客群主打重視品質的中上階層。以上種種，又有廣告手段，又兼做產品區隔，可見一項名產的成功，商業要素缺一不可。

像是茶葉這種透過帝國打造而成的名產，其商品形象或爲滿足想像，或者自認尚缺精緻，總有那麼一點帝國的階序格局與他者想像的味道。然而，參與生產銷售的大量人力，不分男女，仍是幕後支撐整個茶葉產業的最大功臣。這段名產的近代史，有著職人的努力，也是探索世界各地人們如何透過味覺、視覺來認識臺灣的過程。（林潔琪）

延伸閱讀

- 陳惠雯，《大稻埕查某人地圖：婦女的活動空間近百年來的變遷》。臺北：博揚文化，一九九九。
- 吳燕秋等著，陳靜寬編輯，《臺灣女人記事——生活篇》。臺南：國立臺灣歷史博物館，二〇一五。
- 游鑑明，《日本殖民下的她們：展現能力，引領臺灣女性就業的職場女先鋒》。臺北：臺灣商務，二〇二一。
- 胡家瑜、歐尼基（Niki Alsford）著，《他者視線下的地方美感：大英博物館臺灣文物》。臺北：國立臺灣大學出版中心，二〇一八。

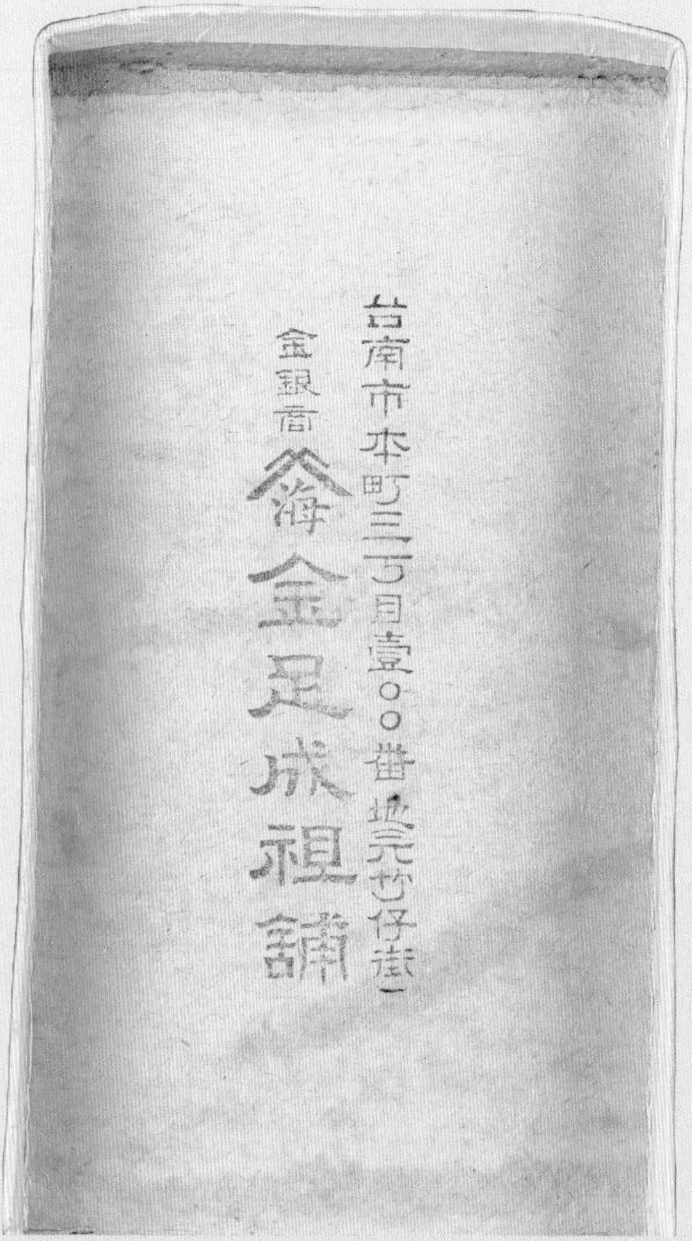
台南市本町三丁目壹〇〇番地(元竹仔街)
金銀商
海
金足成祖舖

16

製銀的人

販售臺灣情調

金足成祖舖銀製竹筏

館藏號 2020.006.0323
年代 1919 — 1945 年間
材質 金屬（銀）
尺寸 6.5 公分 × 13.4 公分 × 14 公分

當您想祝福遠行的朋友一路順風時，會送甚麼樣的禮物來表達心意呢？在日治時期的臺灣，若有點經濟實力，銀製的袖珍竹筏置物或許是您最好的選擇。這種袖珍的竹筏模型全部以銀製作而成，細看其結構細節仿照眞船特徵來製作，如竹筏桅杆上懸掛的船帆，完全復刻竹篾的製作工藝，以不到一公釐的細銀條進行編織。另桅桿頂部亦仔細刻劃出滑輪結構，模擬繩索揚起帆架的狀態，方能呈現如此逼眞的視覺效果，增添賞玩趣味。竹筏原包裝紙盒內側印有「台南市本町三丁目壹〇〇番地（元竹仔街）／金銀商金足成祖舖」字樣，可知爲府城銀舖金足成所製作販售的商品。

這種工藝品在日文稱爲置物（おきもの），原指神明前之祭祀供器或儀式場合的陳設器用，爾後泛指居家裝飾之陳設工藝品。這類袖珍主題的銀製置物在日治時期的臺灣非常盛行，臺灣總督田健治郎贈送羅馬尼亞皇儲等重要海外貴賓的禮品，正是這種銀製船筏，是當時人認爲最能代表臺灣風土特色的禮品。銀竹筏除了材質上的貴重外，船之有帆亦代表祝願對方「一帆風順」之寓意，在當時航空旅遊業尚不盛行的年代，船作爲海外旅遊的重要交通工具，故以船爲題的禮物廣受大家喜愛。

日治時期的銀製工藝品作爲串連起人際友誼的禮物，那在此之前的清代產品又是爲誰所製呢？據《安平縣雜記》記載晚清打銀產業「一切婦人首飾釵釧、環鐲及什用銀器，均資制造」，另隨著臺南市晚清誥授朝議大夫張虞廷墓一件帶有「金足成」店款的銀鎏金朝冠頂的出土，應

◓ 銀竹筏船帆之編織特徵（廖伯豪攝）。
◒ 銀竹筏桅桿頂部之滑輪結構（廖伯豪攝）。

日治時期明信片的南部竹筏畫面。（館藏號 2001.008.1370）

證文獻中清代府城打銀產品的具體樣貌，不僅是婦人首飾及各式銀器外，官員專用的官帽頂戴也有供應。更是串連起金足成銀舖，從清代至日治時期府城打銀工藝發展的重要縮影。我們更可以透過臺南市祀典武廟之昭和年間捐題芳名碑記中，看到「金足成」至日治時期存在祖舖及長房舖（分舖）的關係，另從《大日本職業別明細圖信用案內》中確認兩間金足成位於本町三丁目（今民權路二段近永福路處），係延續清代打銀街的產業區域。

日治時期販售「臺灣情調」做爲殖民地觀光產業的重要一環，除了竹筏外，各式各樣以臺灣人文風情及物產爲主題的紀念品中，都可以看到以原住民杵歌、農民稻刈等庶民勞作的題材，以打銀置物爲例，另有農夫犁田、牧童放牛、轎輿等題材。日治時期日本皇太子生日時，府城地區諸銀匠甚至共同打造銀製赤崁樓模型敬獻，相當細緻，連建築的窗櫺皆可開啟，再次凸顯府城打銀工藝之精妙。也因銀金屬穩定且富有延展性的物理特性，故更能藉由匠師之巧手，細緻刻劃人與物之間共構的文化特色。

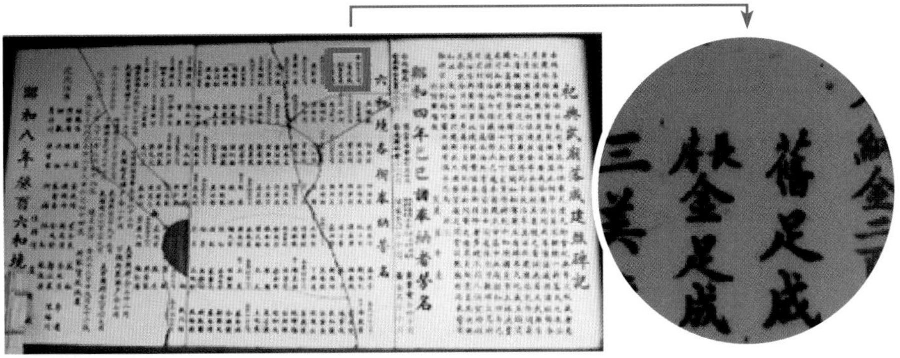

祀典武廟三川殿右側〈祀典武廟落成建醮碑記〉（右圖為局部，廖伯豪攝）

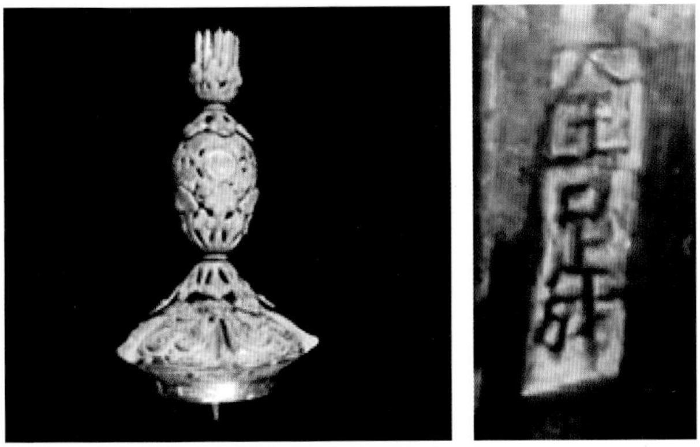

1894年，銀鎏金朝冠頂座（圖左）及「金足成」店號戳記（圖右），臺南市南區張虞廷墓出土，國立臺南藝術大學藝術史學系典藏（廖伯豪攝）。

府城特製銀器商品

自十八至十九世紀，隨著中國沿海城市對外開港通商，大量的美洲白銀流通於市面上，帶有東方元素設計的各式銀質器皿與工藝品做爲外銷歐美熱門商品，其中廣州、香港亦有生產銀製車伕及戰船模型，府城安平亦作爲對外貿易的重要口岸，水陸運輸景觀與農業，便成爲來臺人士的第一印象。透過金足成銀竹筏的案例，我們可以看到府城打銀業從最初製作城內官員及婦人金銀首飾，因應全球文化交流的浪潮下，進一步發展出具有地方色彩的銀器商品。

這些由職人精心製作的紀念品，無論是竹筏、轎子或犛具等，現已多少可以觀察到其表面是氧化黯淡、不具有光澤感，不太符合印象中的「白銀」樣貌，興起了臺史博館員對這些材料成份的好奇。因此先使用X射線螢光分析儀進行成份分析的判別後，再進行元素成份半定量的統計。分析的結果顯示，無論是在轎子頂部、船帆、筏面、船底乃至牛背等，含銀成份皆至少具有百分之九十四以上的含量。

高純度的銀成分使金屬媒材具有高度延展性，可進行拉絲與軋製等工藝製作，亦是銀器氧化變黑的主因，因爲空氣中的二氧化硫、溼氣，隨著銀器長時間累積暴露於空氣中，與空氣中的硫反應，形成了黑色的硫化銀，進而造成外觀逐漸黯淡、變黑。而部分不常與空氣接觸之配

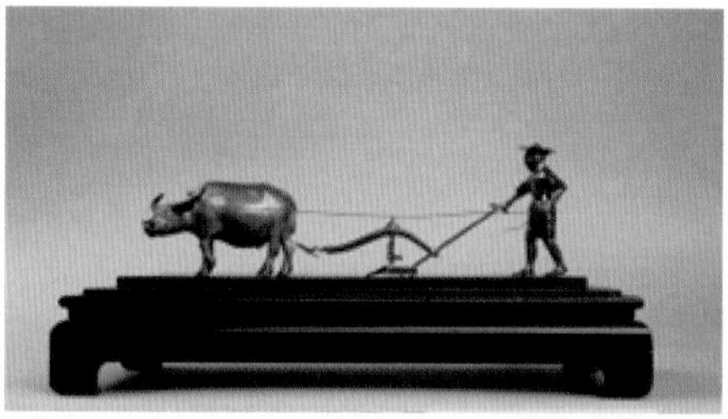

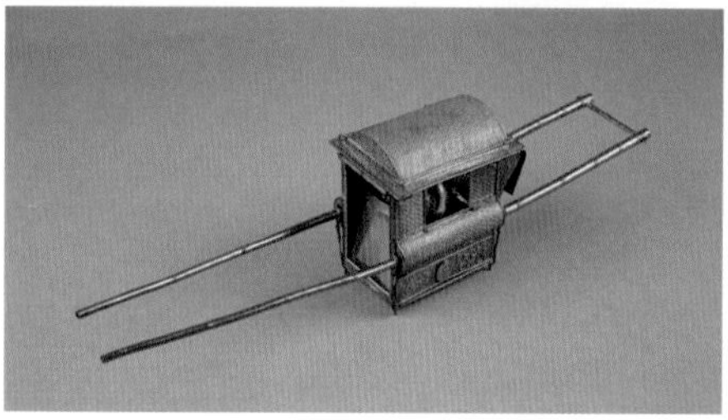

◓ 銀農夫犁田。（館藏號 2020.006.1331）

⬤ 銀轎子。（館藏號 2020.006.1330）

◒ 府城銀置物之人物群像，上為乘坐銀轎的老嫗，左下為耕田農夫，右下為放牛牧童。

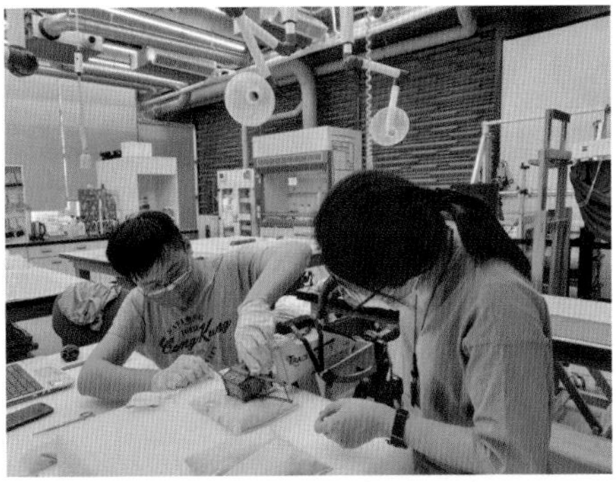

◓ 檢測船帆處金屬材質的工作情形。
◒ 銀轎子側面的圓形飾片。

件，則尚保有銀器的光澤感，故較難從外觀單獨判斷成份，還是得透過上述的科學分析工作，解開大家的疑問。

此外，我們還檢視了相關類型的文物，例如館藏的銀製轎子，發現在轎子側面的圓形飾片採用金銀合金（金銀含量各佔百分之四十），使整體轎身配色起到畫龍點睛的作用，其源自古代錯金銀與銀鎏金裝飾的視覺效果。相同工藝透過放大檢視銀竹筏桅桿頂部之滑輪結構亦可見金銀配色的效果，可見此類銀器的製作，主體雖爲純銀構成，但仍有部分細節配件，經職人巧思以不同的材料與細膩的工藝進行搭配，帶給觀者多元層次的視覺饗宴，同時亦映證了「金足成祖舖」作爲金銀商的歷史足跡。（廖伯豪、鄭勤思）

延伸閱讀

・張耘書，《臺南金屬工藝研究》。臺南：臺南市政府文化局，二〇一六。
・廖伯豪，《清代官帽頂戴研究：以臺灣考古出土與傳世文物爲例》。新北：花木蘭文化，二〇二一。

昭和七年六月
第十回国際オリンピック大会
出場記念日誌

六月二十二日（水）　曇

昨日の送別会（送別茶話会）ですっかり疲
れた体だが相変らず六時半目がさめま
した　今日こそは愈々出発　日本ともわかれだ
自動車に身を落着けてからねむけがさし
て来ました
神宮を参拝して丸の内の丸ビルに集合し
て二重橋に拝して万歳を唱ふべく自動車
にて行きつけば人の山が旗を振って待ちかまへ
てゐた　オリンピック日本代表選手の出発
延を見送る為だと強く感じさせられた
選手控室へ集って来たが友人やファンの姿
おしつぶされさうで実にうるさい人達だと思ったが
一方オリンピック選手を見ると日本のオリンピッ
ク選手を勝たしめたいといふ愛国心をしてさ
うさせしめたと思へば喜ばずに思はず涙がに
じんだ　丸ビルから二重橋へ行進して
行く向の人垣と云ったら白鳩の六月十五日の
雄蛇祭り以上だ　友人からお守りをもらひ
電車をとめたり　実に何と云って形容して
いいか知らない気分が起って来る
かくも吾等オリンピック選手に対して熱心に

三段跳優勝
1929.9.22

17

比賽的人

昭和六年至昭和十年張星賢日記

館藏號 2013.022.0249
年代 1931 — 1935 年間
材質 紙質
尺寸 16.2 公分 × 20.3 公分

運動選手的表現，渴望更快、更好、更強，從突破自我，挺住現實，邁開腳步，超越國族，或是拋向更廣遠的層次。當我們每回觀看奧運，除了獎牌數目，運動員生命史裡的精彩片段，也值得在國民記憶裡，一再銘刻。

作爲運動好手的張星賢擁有「臺灣陸上競技界的名星」（《臺灣日日新報社》）、「田徑史上的一代巨人」，也是「太陽旗下的鐵人」的讚譽。

現存張星賢的日記與書信中，寫下賽事、對手、港口、餐敘的描述。一九三〇年代，青年張星賢的書寫與身影，不僅是運動員日常個人生活的顯現，從他田徑場上經驗與和海外遊歷，自我主體意識的鮮明，心智獲得啟迪；參與各大賽事，認眞拼勝負的熱望，中日歷史對峙脈絡下，蘊生的國族意識；前往日本、歐美各國與滿洲國等地的居留體會與人際互動，作爲日本時代知識分子，日記裡逸出當下心情與進境，勾勒臺灣運動選手內心小劇場，得以窺見他征戰各地旅途中，感受世界的各種形貌，尋求歸屬，本身就具有多面意涵的殖民現代性。

轉換：自我承諾，改跑四百米

在臺中商業學校期間，張星賢跳遠、馬拉松成績已顯不凡。因著早稻田大學日籍校友南部忠平和笠原寬推薦，以及臺北友人橄欖球員柯子彰的激勵，一九三一年負笈日本，接受專業訓練。後因跳遠成績無法突出，改練跑中長距離。靠著持續不懈的練習，以及奧運田徑名將織田幹雄與南部忠平兩位學長的相助與提攜，得以更上層樓。他在日記中寫道：

「我也沒有別的嗜好，練習就是我最大的樂趣了。」

「我們運動選手在比賽時，已經是使出了全力，腦中深處想的總是如何以最佳的狀態，堂堂正正而戰。所以我們只要能跑出最佳的狀態便已足夠。」

「因為以往太過於在意勝負，總是在重要比賽時跌倒或落敗下來，滿腦子都在煩惱第十屆國際奧運大會與奧運的事，這樣是不正確的。」

爲了突破自己，他在日記裡寫下自我效能的評估，以及熟悉身體狀況，暖身預備，深展體操、跑步、練習倒立或踢足球，注意睡眠，留意營養，面對懶散的抵抗，調校出適當姿勢。這般自律，無非是「全力以赴，做到最好」的專業表現。

運動選手的補給後盾

追求瞬間榮耀的運動選手，是如何被照顧，如何能無後顧之憂，全力訓練，提升競技實力，又如何在海外征戰，不擔心生計？張星賢作爲極具潛力的績優運動選手，幸有遇上臺中清水名人楊肇嘉，獲得金援，無論是經濟或者精神上，楊肇嘉給予多位臺籍年輕學子強有力的支

◓ 張星賢於1932年參加洛杉磯奧運會的選手紀念章。（館藏號 2013.022.0281.0012）

◒ 張星賢（左）與楊肇嘉於東京合照。（館藏號 2013.022.0281.0007）

援。兩人書信最早於一九三五年起，張星賢當時任職於南滿洲鐵道株式會社。信件中關切臺灣中部大地震，說明爲奧運預備的身心狀況，聊及同儕青年選手們如林月雲、林和引、兵明田、柯子彰等人在異鄉的生活。楊肇嘉支持年輕臺人，他回信道，張星賢能在國際體壇爲臺灣人嶄露頭角，便是「發揚臺灣人的精神」，讓體育放光彩，臺灣放光彩。

張星賢兩度參與奧運背後，都分別獲得臺中商業學校、早稻田大學、臺灣新民報、南滿鐵道等機關與個人的經濟支援。如同當今蔚爲風潮的企業贊助體育選手，是重要的行銷策略。

兩次奧運的征途

一九三二年，張星賢跟著日本代表隊，搭船行經夏威夷、舊金山前往洛杉磯。而一九三六年，他先行取道陸上鐵路，經過莫斯科、赫爾辛基，才抵達柏林集訓、出賽，回程則乘船經印度，返抵日本。這些經歷一再地擴大個人視野：美國、蘇俄、芬蘭、德國、丹麥、法國、英國、義大利、印度，感受不同文化體驗。

這兩段旅程中，他幾次記下在太平洋、大西洋上的航行裡，因應船上廣播提醒旅客調整鐘錶，國際換日線的時間感受。運動員對於時間的知覺受器，本來就敏銳。時間感在近代教育裡，進駐人們心智，更別說分秒必爭的體育選手。張星賢飄洋過海，成爲臺灣參與奧運的第一人，他記下洛杉磯的開幕儀式的精彩奪目：

全世界的代表選手都聚集在此，我只要想到他們都是強者中的強者，不禁感嘆我竟然能來到這裡。

熱鬧的奧運開幕典禮上，二十一歲的張星賢，忘記出賽的緊張、疲勞計較，望著眼前萬民鑽動，歡聲雷動，感覺希望無窮，何等美事，他在日記裡寫下：

在開始進場時，莊嚴的喇叭聲，樂隊所奏出的每一個聲音都深深地迴盪在心。在經過隧道從觀眾看臺下面走出來時的心情，不知該如何表達，很可惜我無法用語言和筆來形容。我應該一輩子也無法忘記當時的感受吧。從昏暗的隧道走出來時，高聳在半空中可以容納十萬七千人的觀眾看臺，已是毫無空隙，整個人被罩在一張張觀眾的臉孔下的心情……在進到會場的那一瞬間，那傾瀉而下如雷的掌聲，讓人無法相信是鼓掌的聲音，到現在仍然一直迴盪在我的耳邊。

但在他奮力奔跑的故事中，體驗臺灣、日本與朝鮮三地選手在場的情境，國籍轉換，認同流轉，我們在東亞體育世界中，覺察殖民主義的運作與無能消解的困頓，那是張星賢一輩人的故事。

食物：壽喜燒

營養對於運動員至關重要，如何提高成績，優化表現，飲食控制與生活形態，運動員自有準則。

每回與異國選手、朋友相遇，和在地日籍官員聚會，張星賢的選擇與惦念，都是壽喜燒。以鍋物的方式出現，牛肉、豆腐、蒟蒻條，加上醬油與蔥段燒煮而成。日本時代隨著帝國主義擴張，意味著「文明開化」的新式料理，傳播至朝鮮、臺灣。

旅程中，他抱怨義大利的船上膳食多爲通心粉，渴望吃到壽喜燒。在洛杉磯的日本咖啡店裡，歐洲遊歷賽程中，也時常選擇壽喜燒。這熱食、熟悉的日式料理，是一九三〇年代受到臺人家庭、留學生、青年聚餐受歡迎的飲食：邊煮邊吃的鍋料理，能夠有效促進情誼，也考量營養價值。即使他周遊各地，也跟著團隊品嚐各地風味，比起西餐、冷食或生食，壽喜燒還是他入肚爲安的選項。

終點線：心境的間隙

張星賢兩次奧運經驗，分別在一九三二年參加四百公尺中欄，一九三六年則是參加一千六百公尺接力，都未能晉級。日記中，留下遺憾的心情：

接力賽輕易地被打敗了。雖鼓足精神，士氣高昂卻使不出力，還是其他人太強？開始打從內心厭惡四百公尺了。

這或是因應國際賽事規則的經驗不足、語言溝通需加強等想法，這般隱密的慚愧，透過書寫，他或許達到緩解緊張的情緒，我們也得以理解運動選手在征戰各處時，腦袋裡翻轉過的無數念頭，理性的、情緒的與其他的，面對過犯，挑戰自己，記憶自己。

在賽場邊，我們聽過許多高喊意義高於得獎的故事，見過無數鳴槍起跑，蓄勢待發的運動選手，觀賞無數精彩絕倫的競技，但要如何同感體會選手的心理，他們的領受苦惱。下一個動作，一秒鐘，極可能超越自己，與世界短兵相接。

強大的奪牌決心與超人耐力，充滿極限速度的衝刺，我們一般人終究望塵莫及，奧運與各類賽事，本來就是難以跨越的高欄，但它同時也是浮動的。當我們重新張看歷史，想起那些奮力不懈的運動選手們，我們不一定是他們的粉絲，他們不一定每一位都受到萬民關注；當我們翻閱他們選擇堅持的生命史，因他們的意志與精神，讓我們得到勇氣，無畏顛簸，往未來闖蕩。（劉維瑛）

延伸閱讀

・張星賢著，鳳氣至純平等翻譯，《我的體育生活：張星賢回憶錄＋張星賢日記及書信》。臺南：國立臺灣歷史博物館，二〇二〇。

第十屆美國洛杉磯奧運會練習場張星賢獨照。（館藏號2013.022.0281.0005）

18

編織的人

林何賽秋勝家 model 555 編織機

館藏號 2017.005.0031
年代 1945 — 1965 年間
材質 複合材質
尺寸 102 公分 × 16 公分 × 7 公分

外表像似琴盒的家用型編織機（又稱針織機），在毛衣家庭代工盛行的年代裡，是許多婦女從事毛衣編織最佳的工具與利器，爲臺灣貢獻不少的外匯，當時主要機種有不二式、兄弟牌、銀箭牌、勝家牌等日本、美國品牌。這臺勝家 model 555 編織機，可編毛線、棉紗，打開後分爲上盒、機臺及配件，機臺左右各十支織針。編織時以人工組裝，固定於桌子。操作時拉著把手左右平移搖動，就能織出一片片的針織片，是手工編織轉換到全自動橫織機之前過渡使用的半自動化機器，更是編織老師林何賽秋使用過的一臺編織機。

開設編織補習班的林何賽秋，其人生故事就像是許多戰後初期婦女的縮影，參與見證了那個時代的經濟發展。林何賽秋是嘉義新港人，畢業於嘉義女中初中部，二十歲結婚，嫁人爲婦。她的先生林坤佐是個嘉南農田水利會雇員，月薪七十元，不足以生活所用，她爲了貼補家用，一九五七年到嘉義白鴿毛系編織補習班，學習當時婦女最流行的兼職技藝——用編織機織毛衣。從當時補習班的師生合照，可以看出全班約十幾位成員，多數看似二十歲出頭的女性，只有二位是帶著小孩的，其中一位卽是林何賽秋帶著大女兒一起去。後來林何賽秋一直留在補習班，成爲編織師傅，還參與

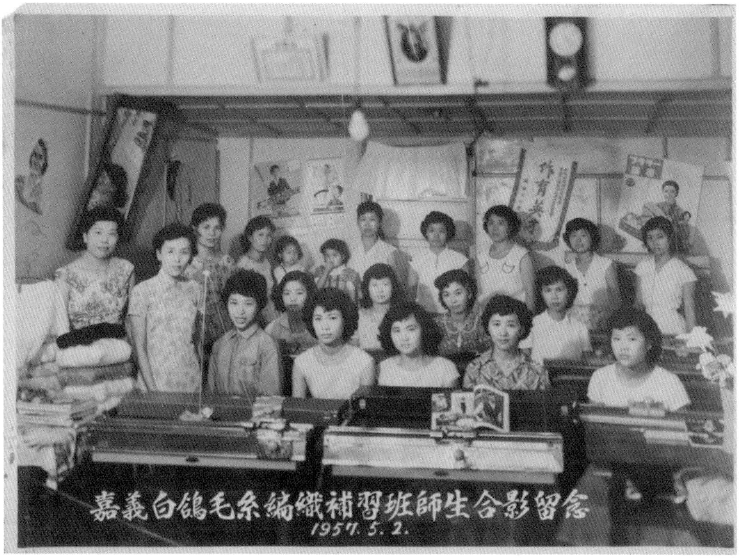

◓ 1957年嘉義白鴿毛系編織補習班師生合照，林何賽秋（最後一排左一）帶著大女兒一起去。（館藏號 2022.014.0001）

◒ 1959年嘉義白鴿毛系編織補習班歡迎日本銀箭牌教師木曾悅子女士蒞班合照。（館藏號 2022.014.0002）

過一九五九年日本銀箭牌編織機（シルバーリード，Silver Seiko Ltd.）的課程，由特派日本教師木曾悅子來台教學，因而留下合影，顯見日本品牌編織機廠商除了販售機器外，也提供教育訓練的服務。

一九六二年，林何賽秋搬遷到高雄市，學藝精湛的她，出師自行開業，在高雄大港埔圓環一帶（今高雄市中山一路、美麗島捷運站附近）租店開設「美光編織短期職業補習班」，當起編織老師，教人操作

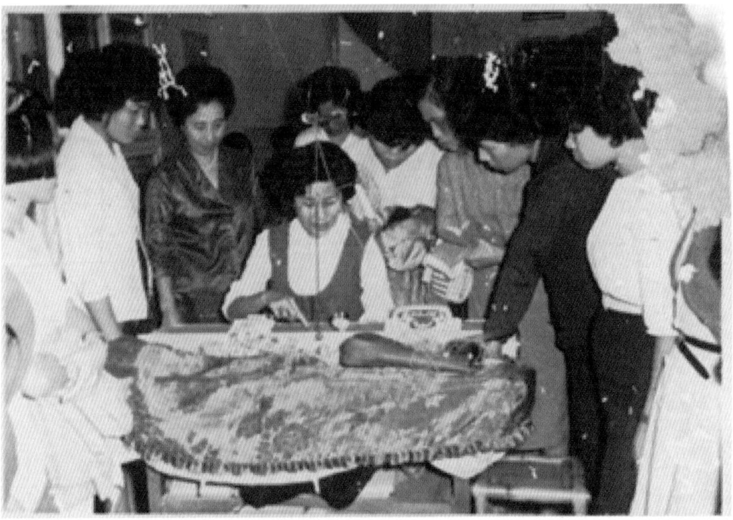

◓ 1963年日本勝家牌教師佐川靜江（左三）來臺示範教學，林何賽秋（中間操作者）現場操作機臺。（館藏號 2022.014.0006）

◒ 1962年9月13日美光編織補習班開幕。（館藏號 2022.014.0003）

編織機，織出平整的毛衣。新開幕的補習班，設有櫥窗、毛線展示櫃、編織機臺工作桌等，外觀就像是個商店，也是編織的工作場所。這樣的「編織補習班」經營狀態不只是「補習班」而已，有點像似小型企業，以銷售編織機、毛線為主，林何賽秋的補習班即是勝家牌編織機銷售點之一，一九六三年，勝家牌派了教師佐川靜江到林何賽秋補習班授課講習。

◐ 嘉義縣婦女會毛線編織訓練班開班典禮。（館藏號 2022.014.0008）

◑ 林何賽秋（中）於嘉義縣婦女會毛線編織訓練班示範鉤針教學。（館藏號 2022.014.0009）

編織補習班除了提供教學外，也是外銷毛衣代工、臺灣人訂製毛衣的服裝店，通常臺灣客人會在補習班內選擇毛線材料或自行帶料，找商家代工編織毛衣，因此學員不只是在補習班學藝，也會留在補習班擔任編織師傅，賺取外快，有些手藝好、家中有小孩的資深編織師傅，就會將毛衣代工帶回家做，一邊帶小孩，一邊工作，眞的是「家庭卽工廠」。後來林何賽秋離開高雄、於一九六五年返回嘉義，再成立補習班，更在嘉義縣婦女會、嘉義家職等處開班授課，傳授毛線編織的技藝。

巧合的是，在素人畫家謝招治阿媽的身上，我們也找到關於毛衣編織代工的生活記憶。六十五歲開始學畫的謝招治，透過畫作記錄下自己的兒時記憶、生活經驗、與周遭的人事物，於七十四歲時創作出〈毛衣編織社〉的畫作，描繪自己的大姐夫從事經營毛衣編織社的故事。

這幅〈毛衣編織社〉刻畫店內幾位年輕女性或站或坐，手握機臺把手左右滑動，或進行挑針編織毛衣花樣的工作模樣，店口櫥窗則擺放著毛衣成品及毛線。除了繪畫外，謝招治阿媽更於畫作背面註記寫道：

民國四十幾年的時候，臺灣和日本有貿易往來，市面有很多日本廠牌的毛衣編織機上市，也有毛衣編織補習班出現。以前編織毛衣都是用雙手一針一針，慢慢地織，要打一件毛衣是很費時費工的，一、兩個禮拜能織一件算是很快的了，用機器一天織兩、三件是沒有問題的，機器織出來的毛衣又平又漂亮，花樣款式又新，很受歡迎，家庭主婦都把它當作副業來做，無論任何時候走在街上，都會聽到「瞎、瞎、瞎」織毛衣的機器聲音。我的大姐夫進口日本牌子的編織機，也替客人織毛衣，店裡請了五、六個毛衣織工，大姐還要當老師。

由此，可見毛衣編織在當時是一個很多女性從事的家庭代工項目，成為許多人的共同集體記憶。

戰後初期的臺灣，利用美援，紡織業成為重點扶植產業，因而成為一九八〇年代前外銷出口的主要產業之一，帶動臺灣經濟發展，其中的毛衣更是紡織業外銷出口的熱賣商品，然至一九九〇年代紡織業因產業轉型外移而沒落。林何賽秋與謝招治的姐夫，正是一群參與了臺灣毛衣外銷輝煌時期的推手們，創造出臺灣的經濟奇蹟，當年許多婦女兼職毛衣家庭代工，賺取外匯，街坊常可聽見編織機「刷、刷、刷」的聲音，連林何賽秋兒子林青浪也會操作編織機，他更感念地說：「是媽媽的編織手工活，養活了我們一家人。」（張淑卿）

延伸閱讀

．顧德莎，《驟雨之島》。臺北：有鹿文化，二〇一八。

謝招治繪《毛衣編織社》。（館藏號 2015.044.0149）

19

製麵的人

沈家落地型壓麵切麵機

館藏號 2021.048.0001（沈小姐捐贈）
年代 1960 年代
材質 複合材質（木、金屬、塑膠等）
尺寸 180.3 公分 × 72.1 公分 × 150.5 公分

傳統市場在臺灣人的日常生活中扮演著重要的角色，尤其是菜市場，被視爲不可或缺的地方。除了販售雞、鴨、魚、肉、蔬菜和水果等生鮮食材以及各種熟食攤位外，菜市場內還隱藏著一些小型的製麵工廠，專門爲附近居民、小吃攤和餐廳，提供各式各樣的麵條、餃子皮等麵食加工品。

二〇二〇年臺史博收到了一批製麵器具，是由新北市中和區南勢角安樂市場附近的傳統製麵店捐贈。捐贈者沈小姐在父親的製麵店結束營業後，特別將店內的製麵機、打粉機、麵盆、曬麵桿、盛麵盤、麵粉袋、水餃皮模刀和餛飩皮切尺等製麵相關器具捐贈給博物館典藏。她希望透過這些器具能夠發揮社會教育的作用，讓大衆了解臺灣戰後一九六〇年代的傳統製麵方式。

抗戰來臺落地生根

沈小姐的父親（本文暱稱爲沈爺爺）一九一七年出生於中國山東，十五歲時因中日戰爭爆發，家鄉淪陷，因此入伍從軍，投入抗日戰爭。一九四九年，隨著中華民國政府軍撤退至臺灣，他也來到了臺灣。

來臺不久後，他便決定退伍，結束軍旅生涯。退伍後先後至高雄、今新北市三重和中和等地的工廠工作。一九五九年透過弟弟介紹，沈爺爺認識了他的妻子，兩人結婚後定居於中和，並育有兩名子女。爲了維持家計，沈爺爺不辭辛勞地工作，努力賺錢養家。他深知在工廠工作的收入有限且不是長遠之計，因此他開始著手計劃開創自己的事業，同時在南勢角附近尋找適合的房屋。最終，藉助自己的積蓄和親友的慷慨借貸，他成功購得一棟位於安樂市場附近的兩層透天厝。

製麵之道

沈爺爺是北方人，對麵食情有獨鍾，年輕時便學會自製麵條的技巧。一九六〇年代他以低價自臺中買下一臺二手的製麵機，展開了他的製麵事業。一九七四年，他以妻子的名義正式登記營業，店名爲「沈德泰行」，專營壓麵和切麵的零售生意。靠著夫妻倆齊心努力，店鋪的生意蒸蒸日上。

這臺陪伴沈家五十餘年的製麵機是一款落地型半自動機器，以綠色漆塗裝的木頭支架爲主體，底座裝有電動馬達，以皮帶帶動上方的壓麵機和切麵條機。談起父親的獨門製麵技法，沈小姐描述道，製作濕麵條時，首先手工混合麵粉和水，再倒入打粉機，使其成爲鬆散的極細小顆粒。接著，使用麵粉鏟將這些極細小顆粒舀到製麵機上方的壓麵輪，先壓出麵皮，邊壓邊調整輪間距，然後將壓製好的麵皮捲在捲麵棍上，再反覆多次來回壓製麵皮，使其達到所需的彈性、光滑度和厚薄度。最後，將薄麵皮放在切麵條機的前端，再裝上所需寬度的切割器，將麵皮送入切割器中進行切割。切好的麵條再以手掰斷成所需的長度，接著將其對摺後輕輕轉動成麻花狀，整齊地擺放在盛麵盤上。

製作完畢的麵條通常會在表面輕撒上一層太白粉，以避免彼此沾黏。麵條再整齊地放入盛麵盤內，並在上方覆蓋麵粉袋，以確保其保持濕潤，並兼顧衛生，等待顧客前來購買時秤重販售。水餃皮和餛飩皮的製作方式與麵條十分相似。首先，用手工將麵粉與水充分混合，和麵完成後使用機器反覆多次的輾壓，使其達到所需的彈性、勁道、光滑度及厚薄度。接著使用圓形模具切割成完美的圓形水餃皮，或者用木尺和不銹鋼刀手工裁切成方形的餛飩皮。最後，根據重量分裝，將其打包成小包，供顧客選購。

◓ **沈爺爺**早期於店內製麵身影。（沈小姐提供）
◒ 半自動落地型打粉機。（館藏號　2021.048.0002.0001）

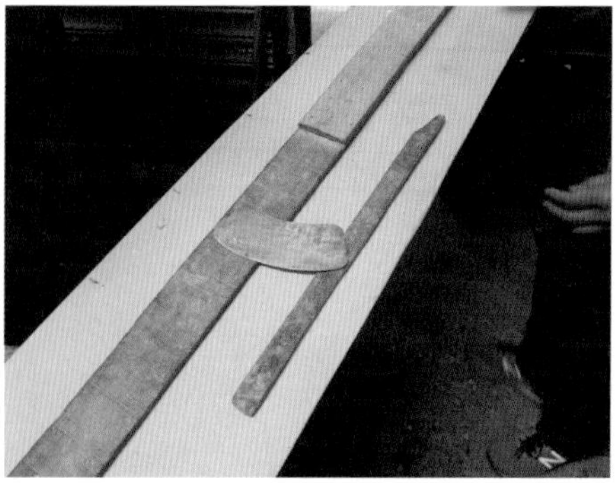

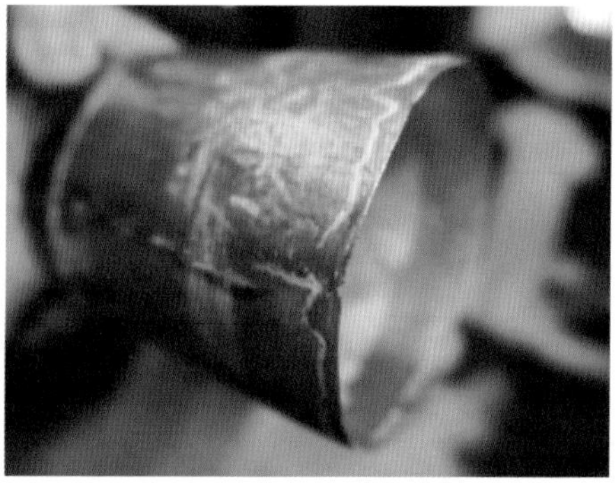

◐ 餛飩皮製作工具：不銹鋼切餛飩皮刀、切餛飩皮長尺及短尺。（館藏號 2021.048.0015）
◑ 不銹鋼切餃子皮圓形模刀。（館藏號 2021.048.0016）

堅持品質的職人精神

沈爺爺的製麵店每天使用約七至八包二十二公斤的麵粉來製麵。清晨四點起床，六點開店營業，全心製作麵條，一直營業到下午三、四點，當客人漸少後才收攤。他的個性認真嚴謹，希望每位顧客不僅能購買到所需的商品，更能享受到優質的麵條、餃子皮和餛飩皮。因此，他始終以高標準要求自己，對麵條、餃子皮以及餛飩皮的製作技法精益求精，追求製作的產品品質一流，堅持實在的用料，不添加任何化學成分。所有麵條都是當日現做現賣，售完即止，絕不販售隔夜的產品。

在製麵店中，最重要的壓麵切麵機和各種製麵工具大多由沈爺爺自行維修或製作，它們是他最堅強可靠的「老夥伴」。在一九七〇、八〇年代，沈家製麵店達到生意的巔峰。由於製麵店位於南勢角安樂市場周邊，更吸引了許多附近居民前來購買。店內的生意主要來自忠實的老顧客，許多人都高度肯定沈爺爺的麵條口感好、品質佳，他的待客態度也相當親切，沈家製麵店幾乎全年無休，讓客人不用擔心買不到東西。

轉變中的飲食文化與市場變遷

自一九九〇年以後，隨著臺灣人的飲食習慣轉變，冷凍水餃和八方雲集等連鎖麵食店紛紛崛起，來店裡購買麵條、水餃皮回家自行烹煮的顧客越來越少，以致沈家製麵店的生意逐漸走下坡。後來隨著中和線捷運的開通，南勢角地區開始發展起來，安樂市場周邊的土地價值因此水漲船高。二〇〇六年中和市公所更因安樂市場老舊、市庫財政困難等因素，將市場

沈家製麵店之最後樣貌，店面緊鄰興建中的高樓，造成店前僅有的通道十分狹窄且壓迫。（葉前錦攝）

沈家製麵店使用的兩款竹編與塑膠製盛麵盤，主要用來盛裝即將售出的麵條、水餃皮和餛飩皮等。盛麵盤內通常會撒上太白粉，以防止麵條沾黏。由於竹編盛麵盤經常使用易於破損，店家逐漸轉而使用塑膠盛麵盤。（館藏號 2021.048.0021、2021.048.0023.0001）

標售給建商改建。然而，市場改建計畫並未順利進行，至二〇一四年建商最終未能兌現承諾，反變更計畫改爲興建住商大樓。

儘管沈家製麵店擁有自己的土地和建築物，不需要像市場攤商那樣被迫遷移，但隨著鄰近區域都市更新計畫的進行，店面緊鄰正在興建中的三十多層高樓，通道空間極爲狹窄且受到壓迫，對這個小小的製麵店構成巨大的威脅。沈爺爺考慮到市場環境的日益衰退，遂於二〇二〇年初決定結束營業。

外省移民的製麵傳承

沈爺爺是戰後外省移民縮影之一，他們是那些卸除軍職身份，投入臺灣市井生活中奮鬥的外省人。這個群體在臺灣社會中獨特且具代表性，他們的故事豐富了我們對戰後外省移民的認識。透過沈爺爺的個人故事，我們深入了解了戰後外省移民的多樣性和貢獻。他們的努力不僅豐富了臺灣的飲

雙駝牌高筋麵粉袋，為沈家製麵店後期常用之麵粉品牌。沈爺爺用完麵粉後，還會將麵粉袋二次利用，將兩個麵粉袋縫在一起，作為麵條的蓋布，防止麵條水分蒸發。（館藏號2021.048.0024.0001）

食文化，也對臺灣的發展產生了深遠影響。這些故事不僅是個人生命歷程，更是臺灣社會歷史的重要一環。

沈家製麵店的文物捐贈不僅爲臺史博增添珍貴的收藏，也提供民眾深入了解臺灣飲食文化和製麵歷史的機會。透過這些製麵器具，人們能窺探當時的製麵工藝和技術，並體驗當時的常民文化。同時，這也是回顧過去臺灣社會和經濟環境的重要見證，讓人們能體會到傳統市場和製麵店對當地社區的重要性。（葉前錦）

延伸閱讀

- 拔林，《台麵魂：吸哩呼嚕快嘴吞食，台灣吃麵學濃縮在一碗》。新北：幸福文化，二〇一四。
- 翁佳音，《吃的臺灣史：荷蘭傳教士的麵包、清人的鮭魚罐頭、日治的牛肉吃法，尋找臺灣的飲食文化史》。臺北：貓頭鷹，二〇二一。

The
ates Islan

主題三

人群往來，複合的人群

阿蘭陀人
咬𠺕吧黒坊

20

移動的人

四百年前的東南亞移工

來自東南亞地區的移工，過去常被臺灣社會貶稱爲「外勞」，他們主要是在一九九〇年代以後，因臺灣開始引進大量外籍移工，而開始來到臺灣工作。不過事實上東南亞籍的移工，不是九〇年以後才來，早在近四百年前，已有一批東南亞的移工，當時被閩南漢人稱爲「烏鬼」（oo-kuí），跨海來到臺灣工作。這張版畫原圖約是十八世紀後期左右發行於日本長崎之版畫。圖上的「阿蘭陀人」是荷蘭人，「咬𠺘吧黑坊」指的是來自印尼雅加達的人，被日本人稱爲黑坊，差不多等同於漢人的烏鬼稱呼。這張圖所表現的咬𠺘吧人，於十七世紀時已來到當時亞洲的貿易港市日本、臺灣等地。

漢人所謂「烏鬼」一詞自然顯露出對外族的歧視用語。中國明清時期文獻曾提到「烏鬼，番國名，紅毛奴也。其人遍體純黑，入水不沉，走海面若平地」。寫《臺灣通史》的連橫曾說「烏鬼」是非洲的土人，也就是黑奴。事實上，十七世紀二〇年代以後隨著荷蘭人、西班牙人來到臺灣的「烏鬼」，大多是東南亞地區的南

長崎版畫——荷蘭人與來自咬𠺘吧（雅加達）的僕從

館藏號	2001.010.0005
年代	約為 18 世紀中後期，1964 複印
材質	紙質
尺寸	36.1 公分 × 50.1 公分

島原住民。這群被歐洲人帶到臺灣的東南亞原住民，可說是臺灣歷史上最早的一批「外勞」，他們多數擔任奴工、兵丁、水手等勞力工作，用當代的區分與用語來看，東南亞人依舊是藍領，歐洲人也一樣是白領。

十七世紀西班牙人在北臺灣時，大量引進來自菲律賓的原住民，其在臺人數甚至超過西班牙人。幾百名在臺的菲律賓「移工」主要從事奴隸、工兵的勞役工作。當時西班牙的傳教士頗爲同情在臺工作的菲律賓人處境，提到他們辛苦工作不但沒有報酬外，西班牙人還經常無理地打他們，而他們離開家鄉已經有七年的時間，一直無法回家與妻小見面。當時曾有多位菲律賓原住民因無法忍受西班牙人的奴役壓榨成了所謂的「逃跑外勞」。他們往南逃跑到

居於呂宋島北部的卡加揚人（Cagayan），被西班牙人徵調至臺灣服勞役。圖片來源：李毓中、吳佰祿、石文誠編輯，《艾爾摩莎：大航海時代的臺灣與西班牙》。臺北：國立臺灣博物館，2006。

菲律賓卡加揚人在西班牙的加雷拉（Galera）划槳帆船上服勞役，擔任划槳手。（館藏號2003.015.0168.0016）

1661年鄭成功派荷蘭牧師亨布魯克（A. Hambroek）進入熱蘭遮城勸降荷蘭人的一張想像圖。圖中可以看到立於亨布魯克右側一位雙手交握做祈禱狀的人，畫的應是當時城內荷蘭人的奴僕，不過描繪的倒比較像是非洲黑人形象。（館藏號 2009.011.0348）

荷蘭人所在的臺南，也有人跑到臺灣的山林中躲起來。

其實早在歐洲人來到臺灣前，已有來自菲律賓的人在臺灣居留了。一六二三年荷蘭人來到臺南佳里地區調查後所寫的報告裡，提及在島上遇到來自馬尼拉的人，他因船難而滯留臺灣，並在此娶妻生子，成了臺灣人。馬尼拉人住居臺灣，反映了西班牙人在一五七一年據有馬尼拉之後，更加活絡了中國閩南地區往返馬尼拉的航線，以及也開闢了航經臺灣東岸的西班牙大帆船航線，位於航道所經之臺灣，難免會有來自菲律賓的人駐足。

十七世紀在臺南的荷蘭人，也引進爲數不少的東南亞原住民，特別是印尼班達島人，他們命運也多數是被

臺南市區內的歷史景點——烏鬼井（石文誠攝）。

迫成爲奴工，有些班達島人是擔任兵丁工作。一六六二年荷蘭人戰敗離臺後，班達島人也被鄭成功所接收，甚至還組了一個人數可能有七、八十人的步槍隊，成了最早期的外籍傭兵。之後鄭氏東寧王國在臺灣，宮廷內也有不少的「烏鬼」奴僕。

臺灣的烏鬼記憶與傳說

回顧十六、十七世紀的臺灣歷史，我們看到臺灣與東南亞世界的互動關係其實早已發生，早期的東南亞人有的短暫來臺工作，也有人成了逃跑外勞就此滯留臺灣，也有人在此娶妻生子。追溯起來的話，也許現代一部份臺灣人的祖先，很有可能就是幾百年前來到臺灣的東南亞人！

臺灣南部臺南、高雄一帶有些以烏鬼爲名之地，包括臺南市區的烏鬼井、烏鬼渡、烏鬼埕，以及臺南永康的烏鬼橋、高雄燕巢的烏鬼埔等。以烏鬼爲名，配合烏

鬼的相關歷史故事與傳說，在在都反映了東南亞等國人，幾百年來在臺灣活躍的事實。（石文誠）

延伸閱讀

・李毓中，〈十七世紀跟著西班牙人來到臺灣的菲律賓外勞〉，《歷史月刊》二三一期（二〇〇七年四月），頁二一一—二一三。
・江樹生譯，〈蕭壠城記〉，《臺灣風物》，三十五卷四期（一九八五年十二月），頁八十—八七。
・江樹生譯註，《梅氏日記：荷蘭土地測量師看鄭成功》。臺北：漢聲雜誌社，二〇〇三。

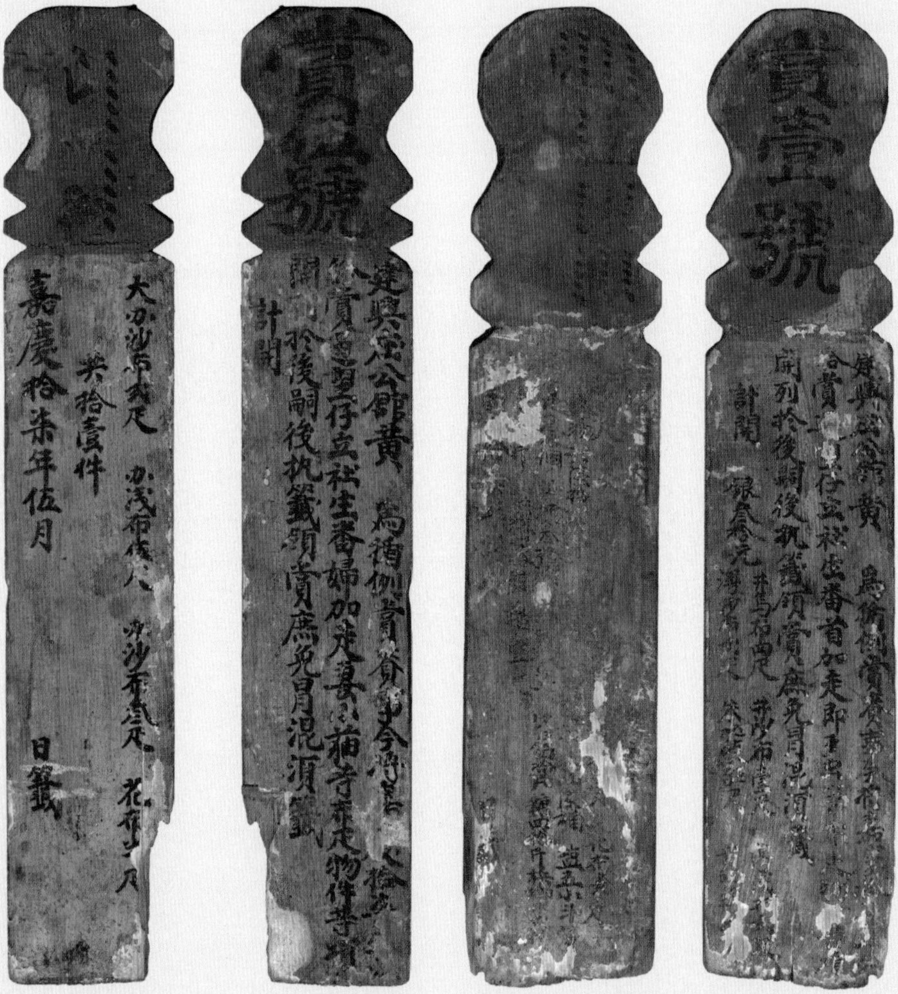

賞號
嘉慶拾柒年伍月
日籤
計開
賞號
計開

21

交換物資的人

建興庄公館賞生番賞壹號與賞伍號木籤

館藏號 2018.011.0017、2018.011.0018

年代 1812 年

材質 木質彩繪

尺寸 38.9 公分 × 7.8 公分 × 0.8 公分、38.5 公分 × 7 公分 × 0.8 公分

「籤」是指標示註記的物件，又或者是占卜的用具，古代人會爲了便於檢取竹簡卷軸，而在卷軸外側懸掛上書名卷數的籤牌，方便識別。在臺史博常設展展廳水牛及小孩玩水場景附近，展示著二片「建興庄公館漢人給望仔立社領取物資木籤」藏品，分別爲「賞壹號」與「賞伍號籤」，賞籤外觀神似廟宇詩籤，經由X光檢視後，推定是將一整片木片經過切鋸並且鉋平後彩繪製作而成。

賞籤本身分成籤頭與籤身，籤頭呈現葫蘆造型，彩有紅漆，籤頭寫有編號，分別爲賞壹號與賞伍號；籤身呈現黃白色底，以黑墨於表面書寫物品清單，藏品外觀已有明顯損傷，部分文字已有佚失。賞壹號籤身正面內容由右向左書寫爲：「建興庄公館黃，爲循例賞賚事。今將嘉慶拾□年給賞過望仔立社生番首加走卽歹虫等布疋物件等項開列於後，嗣後執籤領賞，庶免冒混。須籤。計開：銀叁拾元，井烏布等布四疋，井沙布壹疋，澳沙布弍疋，朱□吱五尺七，黃□吱□□。」，背面：「……大：布□疋□，大办沙布……疋，花布□疋，銀物共陸

拾弍件。又……□桶，塩五小斗□福叁拾個，大……，火石四拾片，糖四拾斤，傧榔……斤，小供糕弍拾□，□□□嘉慶拾柒年伍月 日籤」

賞伍號內容爲：「建興庄公館黃，爲循例賞賚事。今將嘉慶拾柒年□給賞過望仔立社生番婦加走妻小猫等布疋物件等項開列於後，嗣後执籤領賞，庶免冒混。須籤：計開。」背面則是：「大办沙布弍疋，办淺布伍疋，办沙布叁疋，花布□疋，共拾壹件。嘉慶拾柒年伍月日籤」。

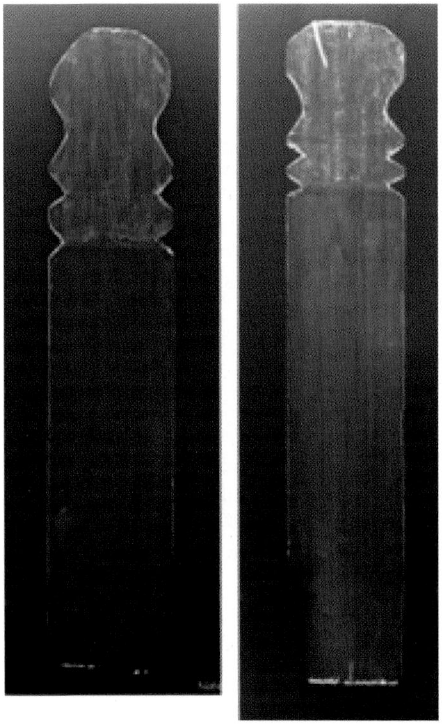

利用X射線拍攝後可看出木籤為一整片木材製作而成。

族群之間的交換

清代時大量漢人遷移至臺灣，清廷爲了減少漢人與原住民的接觸，劃定了原漢的界線，漢人不得逾越開發，也就是俗稱的土牛線。

從木籤上殘留的資訊可推知，藏品是一八一二年（嘉慶十七年）建興庄與望仔立社之間使用的木籤。以當時的族群區別，建興庄是漢人的聚落，建興庄於〈十八世紀末御製臺灣原漢界址圖〉中，標有建興新庄，旁寫離山三里，靠近枋寮庄（今屏東縣枋寮鄉），於一九〇四年《臺灣堡圖》時卽已不存在，現亦無此地名；至於，望仔立社是原住民族的部落，卽今屏東縣來義鄉望嘉部落，爲排灣族部落，排灣族語稱爲 Vungalid, Bongarid，清雍正和乾隆年間卽有記載之部落。

臺史博蒐藏了賞壹號與賞伍號，代表著中間應該還有賞貳號到賞肆號的木籤，而且賞賜的物品種類與貴重程度，似乎依序編號的增加而數量與價值會有所減少，字義上可知，這一個循例的賞事，爲了避免冒充，將賞賜的物品名稱以漢文詳列在木籤上，讓原住民族受賞人拿著籤憑證兌換，籤頭的背面還以數點方式呈現物品的數量，有如現代的點交單一般，從整個外觀形式與文字內容看來，應該是由漢人製作、供懂漢文者閱讀。至於木籤中所稱的公館黃是誰？公館這個地名是位於今屏東枋寮境內的水底寮，由公館之名，可知此地應爲繳納徵收租穀處。水底寮在清代原就處於臺南府城往南到恆春半島所經之交通要道上，因此原住民

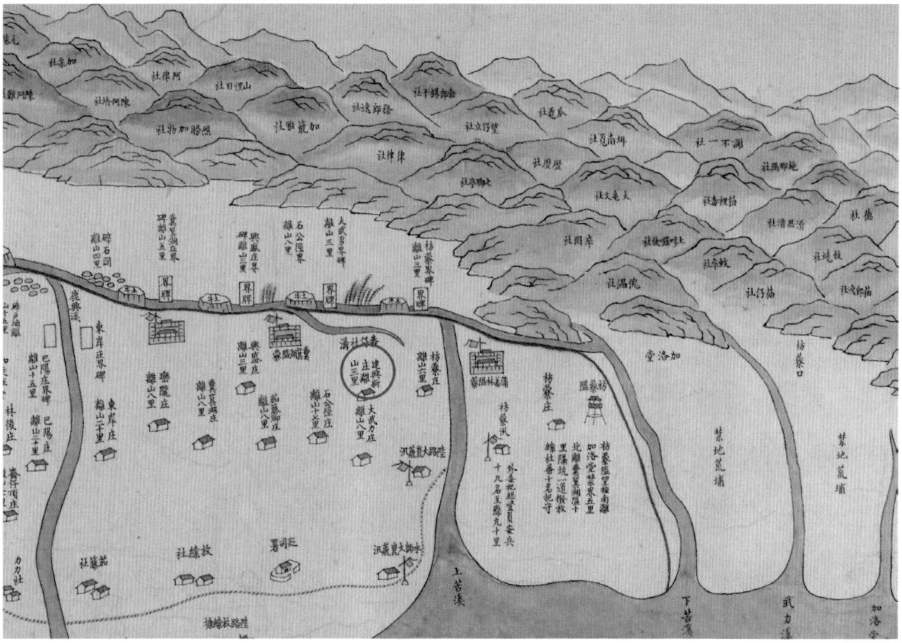

〈十八世紀末御製臺灣原漢界址圖〉中描繪的「建興新庄」。法國侯氏家族藏。

下山來此與漢人會合交易是合乎當時歷史時空背景的。至於黃姓原就是水底寮當地強盛大族，「公館黃」之名，反映黃家極可能掌握山區番產交易之權。這二塊木籤或許象徵著官方所賦予公館黃家與原住民部落交易之合法權利，可解讀是清代原住民、漢人、官府三方折衝、協調、合作下之見證物。（張銘宏）

延伸閱讀

- 葉高華編著，蘇峯楠轉譯圖繪製，《十八世紀末御製臺灣原漢界址圖解讀》。臺南：國立臺灣歷史博物館，二〇一七。
- 蘇峯楠，〈清治臺灣番界圖的製圖脈絡：以〈紫線番界圖〉的構成與承啟爲中心〉，《臺灣史研究》二十二卷三期（二〇一五年九月），頁一—五十。

點火器組。（館藏號 2002.005.0124）

✦賞賜那些東西？

由於賞壹號籤背面許多文字佚失，即使利用紅外光吸收反射碳的原理進行檢視，仍無法明顯辨別字跡，經紫外光檢視後可發現下列方框內字跡已可閱讀：「……大…布□疋□，大办沙布弍疋，花布□疋，銀物共陸拾弍件。又……酒陸桶，塩五小斗箩，福篦叁拾個，火刀肆拾支，火石四拾片，糖四拾斤，傧榔子弍千粒，□葉弍拾斤，小供糕弍拾封，豬壹隻，嘉慶拾柒年伍月 日籤」，從中可以知道賞賜的東西六十二件，包含了各種花布、火刀、火石片、酒、糖、塩、小供糕、傧榔子（檳榔籽）、福篦還有豬。火刀與火石片是當時生火的工具，推測與館藏點火器組相似，讓人進一步瞭解到當時原住民族如何取得這些物品。

◓ 賞壹號籤背面上半段紫外線下的螢光反映出的字跡，左圖為正常光，右圖為紫外線。
● 賞壹號籤背面中段紫外光下的字跡。
◒ 賞壹號籤背面下半段紫外光下的字跡。

巴多瑪

22

傳福音的人

宣教師巴克禮名片

館藏號 2020.032.0002
年代 1895 年
材質 紙質
尺寸 10.4 公分 × 18.8 公分

飄洋過海的宣教師

一八九五年，臺南士紳許南英寫信給劉永福幕僚羅六琴，他在信中說明臺灣基督長老教會英國傳教師（巴克禮〔Thomas Barclay〕、宋忠堅〔Duncan Ferguson〕）牧師願爲被綁付劉永福軍中的兩位教民作保，證明兩人並非日軍奸細。信末寫有「巴宋二牧師寄片問好」，此即巴克禮牧師當時漢名使用「巴多瑪」的名片。

巴克禮與宋忠堅都是清末就來到府城傳教的英國長老教會牧師，他們的晚輩萬榮華（Edward Band）牧師曾經寫道：

> 歷史是上帝傳揚祂的旨意給全人類的場域。其旨意的執行，在於實現上帝的國度。

十九世紀以降，工業發展帶動商業交流，英國開始統治印度，清廷允許外國人進入中國旅行與傳教，蘇格蘭人李文斯敦（David Livingstone）傳教的熱情事蹟等原因，爲英格蘭

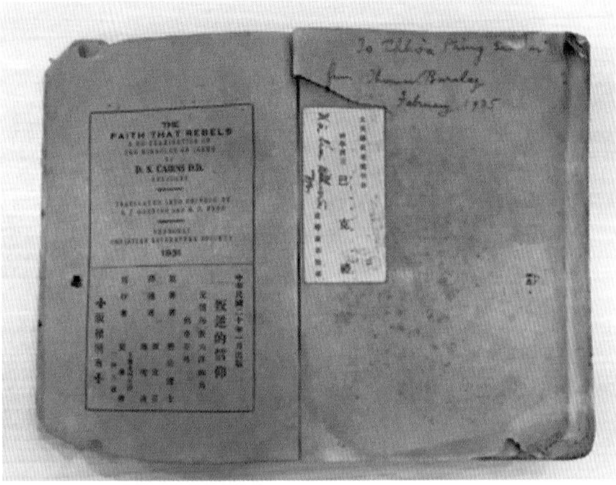

REV. HUGH RITCHIE.

◐ 巴克禮牧師名片。原先黏在給蔡桱《叛逆的信仰》一書上。名片上還標注「給恁說謝」，收藏於臺灣基督長老教會歷史檔案館。

◑ 現存李庥牧師所遺留下的影像，收錄於1879年11月《使信月刊》。

長老教會（PCE）的海外宣教推波助瀾，引領一群宣教師走向亞洲，於中國、臺灣、馬來西亞與印度等地，在地球兩端撐起另一種不同於工商業的連動網絡，掀起重大影響。數百位飄洋過海的宣教師們，以醫療、教育與信仰工作，留下了迥異於漢人視角的故事，讓臺灣重新與世界連結。

遠渡重洋來到臺灣牧職是一項極大的考驗，外國宣教師們與其家眷，需有強健的體魄，克服亞熱帶氣候與疫病，長老教會宣教師李庥（Hugh Ritchie）與巴克禮夫婦的住居都曾遭受沼氣與蟲害的威脅。一八七三年，李庥夫婦的三歲么兒，死於嚴重腹瀉，李庥則時常苦於高燒熱病，最後則因多次感染瘧疾，不幸於一八七九年過世。

也將福爾摩沙傳福音事工寫成〈從福爾摩沙遙寄給男孩女孩的書信〉（*Letter from Far Formosa To Boy and Girls*），激發英國青少年認識臺灣甚至立志獻身海外。清法戰爭後，更多女性投注在宣教工作。比如差派到臺南的文安（Ms. Annie E. Bulter）和朱約安（Ms. Joan Stuart），擔負起長榮女學校的籌備，並在醫院擔任助產與救護的支援工作。

一百多年前，馬雅各、李庥夫婦、巴克禮夫婦、甘爲霖、萬榮華與蘭大衛等宣教師的報告、書信文獻，是他們撿拾實際相遇的人間，與南臺灣社會的交集，如何被西方人所「發現」的紀錄，這群外來宣教師們在異鄉，祈禱每天平平安安，卻總也有不少苦澀、失望與粗糙的心境，面對自己與這世界，如何與臺灣社會相遇的這些隻字片語，也是彌足珍貴。臺灣地處大清帝國的邊陲，過往僅有方志與地方官奏摺、檔案的視角，頂多僅有原漢地契訴說著土地的變遷歷程。而宣教師們的故事與外文史料，恰好拼湊出這塊失落的拼圖。（劉維瑛）

延伸閱讀

- 李庥、伊麗莎白・李庥著；蘇約翰主編、導讀；林淑琴翻譯，《李庥與伊麗莎白・李庥宣道書信集》。臺南：國立臺灣歷史博物館等，二〇一九。
- 巴克禮著，張新、楊雅婷譯，《巴克禮宣教回憶錄》。臺南：國立臺灣歷史博物館，二〇二二。
- 萬榮華著，楊雅婷、黃楷君譯，《傳揚祂旨意：英格蘭長老教會宣教史，一八四七—一九四七》。臺南：國立臺灣歷史博物館，二〇二二。

23

交流的人

西拉雅族白底肚兜

館藏號 新入館藏尚未取號
年代 1960 年代之前
材質 織品
尺寸 172 公分 × 44 公分

平埔原住民在爭取法定原住民身分的正名運動中，帶動了平埔各族群年中行事、祭儀、工藝等面向的文化復振。其中，居住在臺灣西南平原、丘陵地帶的西拉雅族，除了持續傳承阿立祖信仰與夜祭之外，亦復返追尋族群服飾和工藝技術。近十年，族人與研究者陸續到典藏平埔原住民文物的博物館，調查與辨識西拉雅族的衣飾。究竟衣飾具有什麼樣的意義或暗藏何種歷史故事，使人們一腳踏入而專注其中？本文以臺史博典藏衣飾文物爲線索，回到百餘年前西拉雅人的生活世界，探究影響他們物質文化變遷的因素。

衣飾與形象

衣服與裝飾，是識別自我與他人之風格、甚至是我群與他群之差異的表徵方式，文獻與圖繪等史料中，人們亦常以衣飾區別族群文化之差異。舉例來說，十八世紀的「番社采風圖」與西方人描繪的臺灣西半部平埔原住民，多以衣衫簡樸樣貌出現，凸顯其相較於漢人之原住民形象。

然而，原住民的衣飾並非一成不變。透過與漢人交易，西拉雅族人取得不同樣式的棉麻布疋，並隨著文化接觸將漢式服裝帶入日常生活。這點我們可以從十九世紀末來到臺灣南部探險的英國攝影師約翰・湯姆生（John Thomson）留下的照片窺見一二。

影像中的西拉雅族女性身穿樣式簡樸的短版上衣與大襠褲或布裙，乍看肖似漢人的裝束，勉強能透過纏繞頭巾的特徵作爲識別。然而時間流轉中，遺留下的不只是文獻和圖像，人群製造、使用的物件也蘊含了不同的故事。

西拉雅的刺繡與圖紋

居住在臺南地區的西拉雅族人，曾以美麗的刺繡裝飾日常生活。刺繡圖紋能見於頭巾、內衫、外衣、裙裝、腳絆，以及裝飾生活環境的劍帶或繡布。從頭到腳、自服裝到飾品，都

湯姆生拍攝高雄內門木柵地區的西拉雅女性。（館藏號 2018.021.0002）

能看到他們將身周環境與自身境遇轉化成刺繡圖紋的巧思。

根據口傳，刺繡是西拉雅族人與荷蘭人接觸之後習得的技術，直到二十世紀中葉左右，仍有從事刺繡工藝的實踐者，運用習得的刺繡技術爲衣著添色。比較國內外博物館收藏之臺灣西南部平埔原住民之衣飾文物，可辨別西拉雅、大武壠、馬卡道各族特有的刺繡圖紋與配色。

其中西拉雅族主要使用米白等淺色布料爲底，再搭配深藍、黑或紅色繡線表現鳥紋、狗紋、蝶紋、草葉等反映生活環境的自然元素的圖形。技法上，多使用十字繡法於紗線縱橫交織的平紋組織布料，讓繡線十字交叉以組合成圖案。或運用數紗繡法，計數布料紗線格子，在紗格之間以平針方式刺繡幾何圖案。

圖紋中呈現文化互動

不只是外衣和生活飾品，卽使是從外觀看不出來的內搭衣物，西拉雅族人也暗藏文化符碼、以圖紋維持族群特色。臺史博典藏的「西拉雅族白底肚兜」卽是一例。肚兜是一九六〇年代以前，臺灣女性與兒童使用的貼身衣物，具有普遍的實用價值。肚兜也是婚禮習俗中的必備禮品之一，藉由其上刺繡的蝴蝶、蝙蝠、石榴、龍鳳或五子登科等圖紋傳遞吉祥寓意。

本件西拉雅肚兜，以白色布匹爲底，自上而下由圍頸、胸面、圍腹組成。紋飾方面，圍頸處是西拉雅刺繡的典型鳥紋立於瓶花上，胸面以形似鳳鳥的大型飛鳥爲飾。腹圍上半同圍頸繡著西拉雅鳥紋、瓶花與幾何紋，下半是騎著四足動物的人形與站立人形，以及仿龍形刺繡。腰部兩端綁帶末端貼縫繡有囍字的繡片。用色單純僅深藍、黑與紅，紋飾大多左右對稱。

比較館藏另外兩件臺灣漢人常見肚兜的樣式，發現三者有十分相似的圖紋配置和圖面構成，例如圍腹上半繡有騎馬的人形以及站立的人形，圍腹下半繡有瓶花、雞公、龍鳳。前者表現考取功名衣錦還鄉的故事，後者取其諧音祈求平安、吉祥。

將目光轉回西拉雅族肚兜上的刺繡圖紋，推測當時以漢人爲主的主流社會美感及價值觀已進入西拉雅族人的社會，因而貼身衣物上出現寓意吉祥的圖案和考取功名的刺繡題材。從實用的角度來看，西拉雅族人與漢人通婚時，作爲雙方締結秦

◓ 藍綢地彩繡青春富貴紋菱形肚兜。（館藏號　2002.008.0284）

◒ 淺綠地彩繡青春富貴紋菱形肚兜。（館藏號　2002.008.0282）

晉之好的禮品，肚兜上的繡紋選用西拉雅族獨特的鳥紋，且融入漢人的民俗觀，從中產生了適應新社會情境的文化樣式。

博物館的蒐藏品，是文化接觸與交流的證物。藉由比較用途相同卻源出不同族群的文物，讓我們看見臺灣歷史中人群交流帶來思維與物質文化的改變。博物館的蒐藏品，也可以是人群用來連結歷史走向未來的資源。臺南的西拉雅族社群透過文物調查、族群服飾再製，將其當代的文化認同縫入衣飾當中，作爲向未來傳遞訊息的媒介。（呂怡屏）

延伸閱讀

・胡家瑜，《針線下的繽紛》。高雄：高雄市立歷史博物館，二〇一四。

・張瑛玲，〈西拉雅平埔族十字花繡工藝特徵之研究〉，《華岡紡織期刊》二十七卷三期（二〇二〇年七月），頁一四三—一五〇。

・段洪坤，〈從衣飾文化談原住民平埔族群主體性〉，《臺南文獻》十六期（二〇一九年十二月），頁一六二—一七三。

西拉雅族仿漢式劍帶。劍帶上出現的圖案、紋樣，能看到西拉雅族自身的文化特色。跟漢人不同，西拉雅族人設計不對稱的圖案於劍帶上。（館藏號　2006.008.0073）

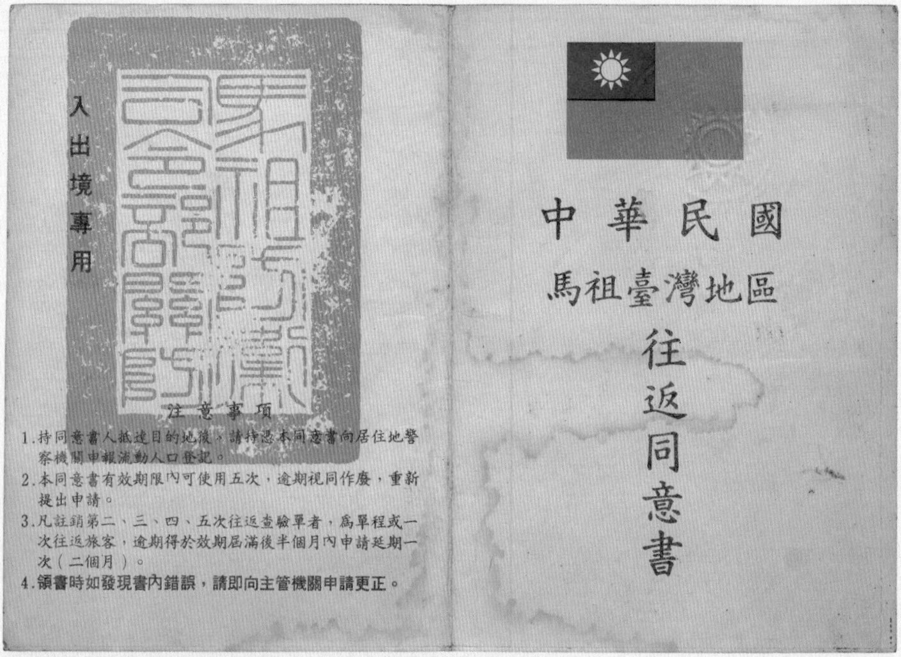

入出境專用

注意事項

1. 持同意書人抵達目的地後，請持憑本同意書向居住地警察機關申報流動人口登記。
2. 本同意書有效期限內可使用五次，逾期視同作廢，重新提出申請。
3. 凡註銷第二、三、四、五次往返查驗單者，爲單程或一次往返旅客，逾期得於效期屆滿後半個月內申請延期一次（二個月）。
4. 領書時如發現書內錯誤，請即向主管機關申請更正。

中華民國

馬祖臺灣地區

往返同意書

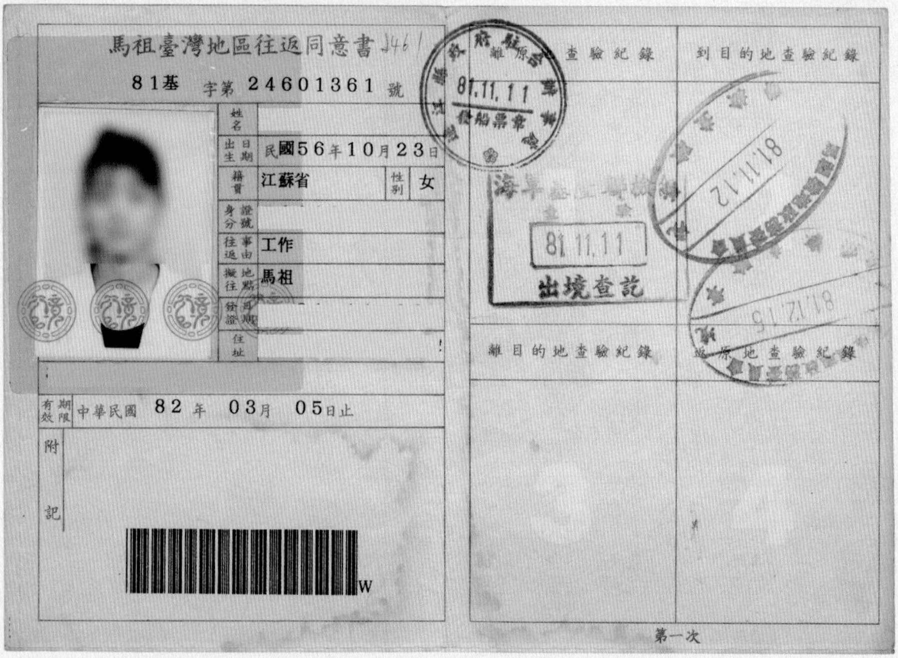

馬祖臺灣地區往返同意書

81基 字第 24601361 號

姓名	
出生日期	民國56年10月23日
籍貫	江蘇省
性別	女
身分證號	
往返事由	工作
擬往地點	馬祖
簽證期	
住址	
有效期限	中華民國 82 年 03月 05日止
附記	

離原地查驗紀錄

81.11.11

出境查訖

到目的地查驗紀錄

81.11.12

離目的地查驗紀錄

返原地查驗紀錄

81.12.15

第一次

24

往返的人

中華民國馬祖臺灣地區往返同意書

館藏號	T2018.002.0687（秋惠文庫寄藏臺史博）
年代	1992 年
材質	紙質
尺寸	18 公分 ×12.7 公分

中華民國境內的出入境管制

這件「中華民國馬祖臺灣地區往返同意書」（以下簡稱同意書），是戰地政務時期想要離開或前往馬祖時需事先申請、辦理的證件，猶如今日我們習慣的出國須準備好的護照。從右下方的印章可知，此件同意書應只有一次往返的使用次數，從四個印章來看，使用者於一九九二年（民國八十一年）十一月十一日從基隆搭船出發，隔天抵達馬祖。

同意書內頁右側為出入境時查驗的用印記錄，同意書上需要本人的二吋半半身的證件照、姓名、出生年月日、籍貫、性別、身分證字號，還需註記往返事由及地點，使用期限為四個月，若原籍為金門或馬祖期限為一年，使用次數為五次，與現今前往馬祖只要攜帶身分證或健保卡辦理登船或登機的經驗大不相同。

一九五六年至一九九二年金門和馬祖實施戰地政務，金門及馬祖列島成為戰地前線，不分男女，全民防衛，島上的人民移動及所有資訊皆受到嚴格的管制，地方大小生活也與國軍緊緊相扣。雖然一九九二年十一月七日政府宣布解除《金馬戒嚴令》，不過金馬地區與臺灣本島的出入境管制直到一九九四年四月二十八日才真正解除。

早期出入境的申請只能單次使用，繳交資料也相對繁雜，若遺失還須登報刊登作廢啟事，並檢呈刊登報紙向連江縣政府辦理遺失。馬祖守備區指揮部政務委員會依規定，頒布《連江縣民衆入境申請辦法》，內容提及「入境同意書須由在本縣設有戶籍之親友（商號）代爲申請，代申請人並負保證之責……由代申請人送請戶籍所在地村辦公處層轉縣府核發……」可發現在國軍撤退來臺初期，進駐金門、馬祖時，深怕提高一絲絲敵軍潛伏其中的風險，國軍對於島上人民的移動嚴謹管控，從臺灣來到馬祖或在馬祖進行跨村莊的移動，到達目的地後，需在當天晚上九點前，拿著入境證或身分證到村公所辦事處登記，進行流動戶口管理。

民衆若因工作、求學、探親、返鄉等原因，需要離開或前往馬祖，首先要準備數張二吋半半身照、國民身分證影本、保證書二份、戶籍謄本及往返事由的證明文件，並塡寫申請書後到相關機關申請。據一九六六年七月二十日《馬祖日報》一則「民衆如何辦理出入境」報導中提及：

> 民眾申請臺、馬出入境證之管制，也較前（按：公務人員）略為嚴格了，申請出區時必須要有正當的理由，否則不予受理，舉例來說，申請求學得檢附在學證明或准考證；申請謀職得檢附聘雇檢關行號任用證明文件；申請治病得檢附當地區院或奉准有案醫師診斷證明書；申請經商得檢附奉准採購貨單；申請探親得檢附探親戚郵戳證明函件；申請觀光者，得組成觀光團，經政委會核准，檢證明文件。

層層確認無誤後，往返同意書才會下來。不過當時軍方為防止消息走漏，航班須全民保密，航期也只能夠透過四處打聽取得。打聽的說法也需要特別注意，要問：「今天要不要到基隆？」而不能直說：「今天有沒有開船？」在行李內容的準備，也需按照《進出境物資檢查處理辦法》，確認自身行李的內容，否則超過了則會依法處理，被沒收、罰款或補稅等。

馬祖人橫渡黑水溝

當時居民是搭乘軍方運送補給物資的補給艦（AP或LST艦），軍方會核對證件，詳細的檢查乘客行李的內容。在聽到放行的口令後，大家蜂擁登船，搶先尋找床位或在甲板上尋找一個可躺下稍作休息的角落。搭乘時間一天內都算短，有時甚至需要數天。船上充斥著柴油氣味，在船上最害怕除了洶湧的海浪，還有船上鄰近傳來的嘔吐聲，「您暈船了嗎？」成為船上的問候用語，這也使得上船前，家中長輩總是會提醒一定要吃東西，在船上再難受還是要吃點東西，以免暈船吐到連膽汁都吐出來。在一九六八年七月二十七日《馬祖日報》刊登麥麗俐前往馬祖參加戰鬥營經驗：

人家說船像個大搖籃，不錯，但我覺得更似鞦韆，可不是，船在海中隨著洶湧的波濤起伏不定，那種滋味真難過，不覺扶住胸口深恐整個心要掉下來……到馬祖經過了十六小個鐘頭的暈、吐、終於嗅到了馬祖的芳香……二日，一連串的報到手續可真是忙得團團轉。

可見雖在較風平浪靜的季節，搭船仍是極爲不舒服的經驗，有許多馬祖人暈到受不了，也在搭船的過程中萌生「船若再不靠岸我就要跳海了！」的念頭。

在國共內戰及韓戰的爆發後，促使馬祖的生活圈從福建沿海轉而須渡過黑水溝來臺採買、求學、工作，直到九〇年代後才開始有民眾專屬的客輪及客機。現今金馬地區與臺灣本島的出入境管制已解除，少了一些制度上的隔閡，不過距離及天氣仍是當今馬祖人往返最大的挑戰。（張育君）

延伸閱讀

- 劉宏文，《鄉音馬祖》。連江：連江縣政府，二〇一六。
- 林瑋嬪，《島嶼幻想曲：戰地馬祖的想像主體與未來》。臺北：春山，二〇二三。
- 劉枝蓮，《天空下的眼睛——我的家族與島嶼故事》。新北：遠景，二〇一六。

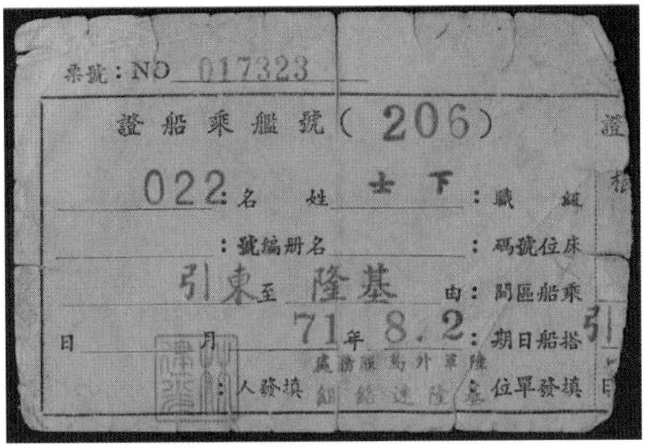

◓ 基隆至東引船票。出處：國家文化記憶庫，連江縣政府文化處建檔，依公眾領域標章（Public Domain Mark）進行數位物件授權。

● 「中建號」補給艦。出處：國家文化記憶庫，連江縣政府文化處建檔，依公眾領域標章（Public Domain Mark）進行數位物件授權。

◒ 1990年中華民國金門馬祖台灣地區往返同意書。出處：國家文化記憶庫，連江縣政府文化處建檔，依公眾領域標章（Public Domain Mark）進行數位物件授權。

25

做工的人

二〇一七年，臺史博規劃辦理「新臺客：東南亞移民移工在臺灣特展」。爲了蒐集展覽素材，臺史博的策展團隊接獲情報，來到新北市淡水區捷運竹圍站一帶、鄰近竹圍市場的一間販售東南亞食品及日用品的小商店。商店的玻璃門上貼了一張大型海報，海報紙上貼滿了照片，引發了策展團隊的興趣與好奇。

印尼貨運行 JAYA NUSANTARA EXPRESS 照片集海報

館藏號	2020.012.0001
年代	不晚於 2017 年
材質	照片
尺寸	109.8 公分 × 79.1 公分

當時貼在商店門口的海報。（周宜穎攝）

限時專送的心意

仔細觀察這張七十九公分寬、一百一十公分長的海報紙上，總計貼滿了共六十九張照片。每張照片都是不同的人與大型紙箱的合照。經輾轉詢問，才得知原來這間商店也兼營臺灣與印尼兩地間的國際貨運。許多印尼移工或移民在臺期間，平時會購買一些欲贈送給故鄉親友之物品。每當物品數量累積裝滿一個大紙箱後，便會交由該商店寄回印尼。而在行動網路還未普及的年代，爲證實包裹已確切送達親友手中，貨運行會拍攝收件人與包裹的合照以資證明；在臺的移工、移民有時思念故鄉親友，也會向貨運行索取照片留念。

此外，還有一些商店會提供各式各樣的商品目錄，從電視、冰箱、洗衣機等各種家電、3C產品，到大型家具如沙發、櫥櫃、床組，甚至機車等應有盡有，提供在臺灣的移工、移民選購。選購後，商店可將商品送達買家指定的地點，也會請收件人與送達商品合照存證。

「新臺客」的生活日誌

爲了籌辦「新臺客特展」，臺史博也接觸許多移工，來自越南河靜省的阿吉便是其中一位。阿吉的本名是Tran Thach Cat。二〇一七年，當時二十六歲的阿吉已來臺工作四年多，正巧於這次特展文宣品的印刷廠任職。

◐ 越南籍移工Tran Thach Cat初來臺灣使用的華為手機，手機背面寫著他的姓名與出生年份。（館藏號 2019.009.0002）

◑ 菲律賓籍移工Ching Peralta剛來臺灣時所攜帶的籃球球衣。（館藏號 2019.026.0002）

阿吉名字中的Cat，意思是海邊的沙，因他出生的地方在海邊，家門打開就是海。大專學機車修理的阿吉，畢業後原想自己出來做生意，但缺乏資金，因此便想先到國外賺錢比較快，累積收入再回國。當時來臺必須先繳納六千美金（依當時的法規是四千五百美金，但仲介都會多收取費用），對原本就因沒錢才選擇來臺工作的阿吉是很大的負擔。所幸印刷廠老闆也能體諒移工，起薪從一萬九千元開始，到後來每月含加班可領到四至五萬元。即使工廠沒工作，老闆也會請阿吉來加班擦機器、掃地，並支付加班費，怕他錢不夠。老闆甚至還協助阿吉購買機車（依當時臺灣的法規，移工購買機車尚須雇主同意），因此阿吉可利用假日與女友出遊，甚至安排行程帶在臺工作的越南移工到臺灣各地旅遊。而臺史博也在這次特展中，向阿吉借展他初來臺灣所使用的手機。這支手機的背面，寫的便是阿吉的姓名與出生年份。

來自菲律賓新比斯開省的阿清（Ching Peralta），則是臺史博在籌辦特展期間所接觸的另一位移工。二〇一七年時，三十二歲的阿清已來臺工作五年，任職於新北市一間印刷電路板工廠。他原一邊讀大學、一邊擔任油罐車加油員，但因家境不足以供應弟弟和姊姊完成學業，於是在乎家庭的阿清便選擇辭職、輟學，來臺工作。來臺前，阿清還必須先借錢支付高額的仲介費。在臺每天工作八小時，只有短暫的休息與吃飯時間，薪資還必須扣除宿舍費、服務費等，因此阿清只要體力能負荷，總希望能多加班、賺取更多薪水，一星期只放假一天。信仰天主教的阿清，週日除了到教會，喜愛攝影的他也會和女友到各處走走、拍照，以暫時忘卻想家的心情。初次來臺時，阿清的行李只簡單帶了三件上衣、兩件褲子和一個背包，所幸還有嫁來臺灣的姑姑能就近照應。

阿清在菲律賓工作時，公司曾參與業餘籃球聯盟，而喜愛籃球的阿清也是公司球隊的一員。這件臺史博向阿清借展他初次來臺時所攜帶的籃球衣，代表著離鄉背井的人們，建構自我認同以及連結家鄉記憶的重要紀念物。

跨國的勞力交換

目前阿清和阿吉都已回到故鄉，阿吉也已結婚並育有一對子女，過著幸福的生活。他們的故事，是臺灣的東南亞移工的其中一個縮影。不過，並非所有移工都像他們那麼幸運。在臺灣的東南亞移工，沒有投票權也沒有話語權。藍領移工不如白領移工可自由轉換雇主，每三年工作期滿，雇主可申請續聘，不限次數，但藍領移工工作年限最多十二年（家庭看護最多十四年）。即便二〇二二年開放藍領移工申請永久居留，卻設下工作年資須滿十一年與月薪五萬二千八百元或乙級證照的高門檻。而從事家庭幫傭或看護的社福移工，以及遠洋漁船在境外聘僱的船員，更被排除在勞基法外，勞動剝削更爲嚴重，不僅薪資低、工時長，性騷擾、虐待也時有所聞。有的移工無法忍受雇主的對待（如毆打、性侵、苛扣薪資等），或嚮往更好的薪資，也衍生逃跑、失聯等問題。

從一九八九年臺灣開放東南亞移工以來，至二〇二三年，移工總人數已突破七十三萬人，在各行各業都可見移工的身影。即便可能遭遇忽視、誤解、輕蔑、歧視，被社會大衆視若無睹、聽而不聞，如同被噤聲的失語者，然而移工成爲支撐臺灣社會不可或缺的重要力量，卻已是不爭的事實。因此臺史博也在特展結束後，將上述幾件借展的物件正式入藏，成爲臺史博的典藏品，並於常設展中展出——這群做工的人，已是當代臺灣歷史無法抹滅的一部分。（周宜穎）

延伸閱讀

- 藍佩嘉，《跨國灰姑娘：當東南亞幫傭遇上台灣新富家庭》。臺北：行人，二〇〇八。
- 李雪莉、林佑恩、蔣宜婷、鄭涵文，《血淚漁場：跨國直擊台灣遠洋漁業真相》。臺北：行人，二〇一七。
- 逃跑外勞作，四方報編譯，《逃：我們的寶島，他們的牢》。臺北：時報文化，二〇一二。

The
ates Islan
V A

主題四

引路之人，開闢新道路

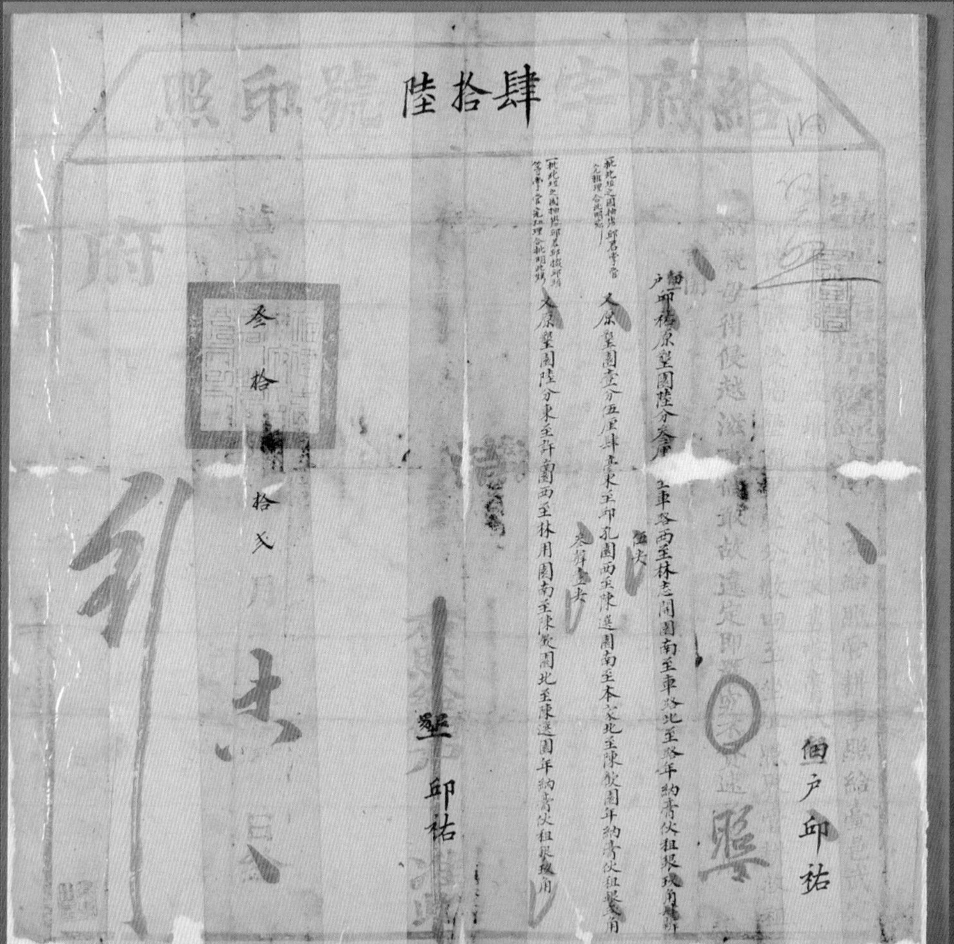
給府字肆拾陸號印照

佃戶邱祐

佃戶邱稿原墾園陸分叁厘……車登西至林志開園南至車登北至登年納青伙租銀玖角

又原墾園壹分伍厘肆毫東至邱孔園西至陳進園南至本家北至陳欽園年納青伙租銀叁角

又原墾園陸分東至許南園西至林用園南至陳欽園北至陳進園年納青伙租銀玖角

批此坵之園抽將邱君肯管之租理合批明照

一批此坵之園抽將邱君邱拔邱炳等肯管完租理合批明此照

業戶邱祐

道光參拾年拾月　日給

26 移墾的人

道光三十年墾戶邱祐墾照

館藏號　2017.021.0003（邱保周先生捐贈）
年代　1850 年
材質　紙質
尺寸　44.8 公分 × 46.8 公分 × 0.4 公分

台江「首戶」的四張墾照

十九世紀初曾來臺任官的姚瑩在《東槎紀略》記載，一八二三年（道光三年）「臺灣大風雨，鹿耳門內，海沙驟長，變爲陸地」，當時臺灣連續下了數十天豪雨，造成大量沙土往台江內海傾洩，生成海埔浮洲，人們將此情況稱爲台江浮覆。台江內海陸浮，引動內海北邊居民前仆後繼的移墾活動，現今臺南市安南區中洲寮邱氏家族是移墾中具代表性的家族，這家族來自今臺南市學甲區中洲的一支邱氏支派。本文故事便從四張被中洲寮邱氏家族保存長達一百六十年的

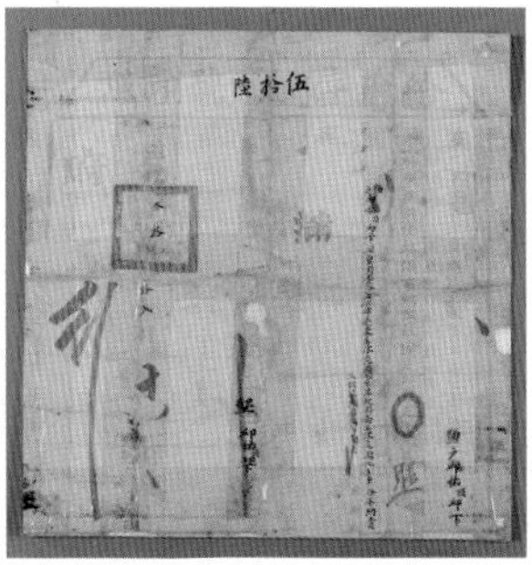
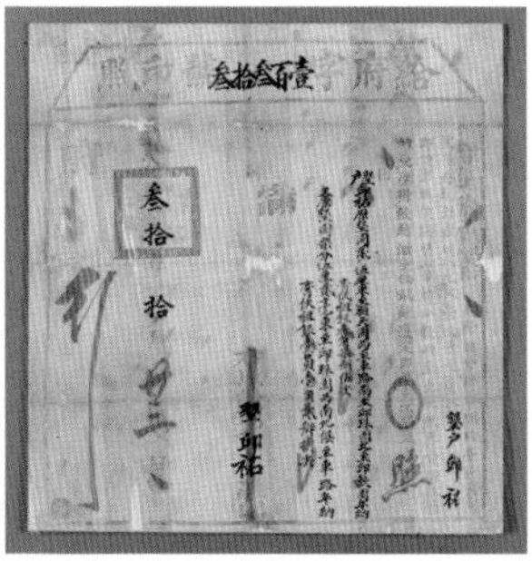
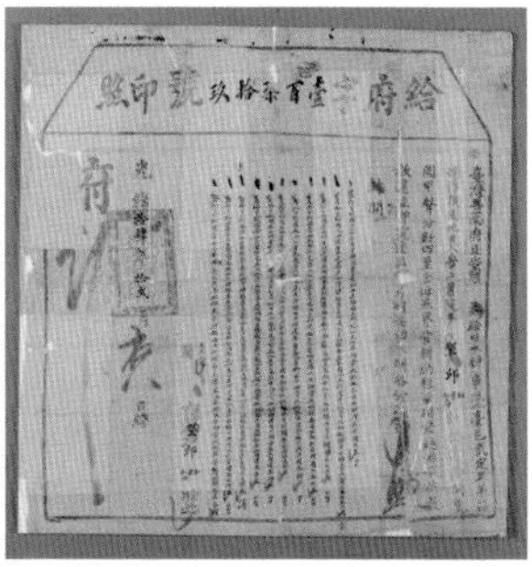

◐ 道光30年（1850年）墾戶邱祐頂邱下墾照。（館藏號 2017.021.0002）
● 道光30年（1850年）墾戶邱祐墾照。（館藏號 2017.021.0003）
◑ 光緒14年（1888年）墾戶邱和、邱君、邱和尚等人墾照。（館藏號 2017.021.0004）

揭開墾照的兩層托紙，可看見左上角曾被裁切的痕跡。

清代墾照談起。四張來自清代官方土地文件，讓持有珍貴文件的邱家戲稱自己是「台江首戶」。

中洲寮邱家後人邱保周，追尋家族系譜長達三十年，完成祖譜成書，透過邱家《邱氏族譜世系表》與四張墾照的映照、對話，反映出台江地方人群互動的社會動態。

墾照的博物館旅程

二〇一八年，墾照經捐贈評估入藏臺史博，當時墾照正反面以膠帶加固，再輔以裱框，墾照遍佈著黴斑，考量到後續保存及研究的易讀性，展開了修護工作。起初木夾板與墾照相黏，揭開後，發現背面托了二層紙張，第一層托紙爲白色，質感類似棉紙，第二層爲黃褐色的長纖維紙張，揭開兩層托紙後，讓我們看到墾照左上角曾被裁切的痕跡，推測目前可能並非原始尺寸。

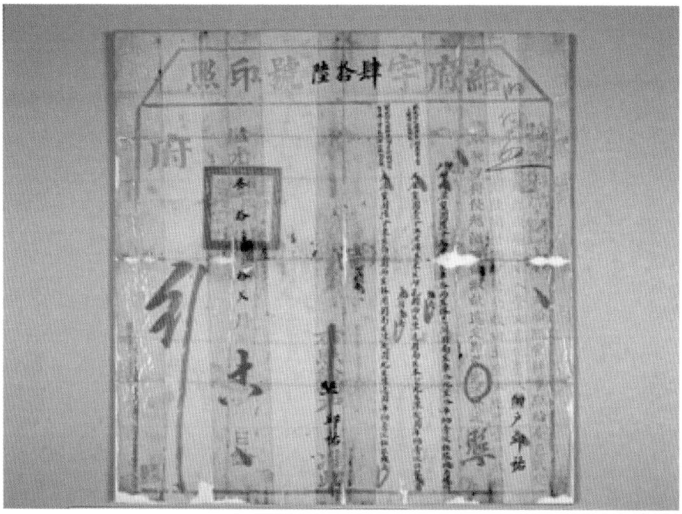

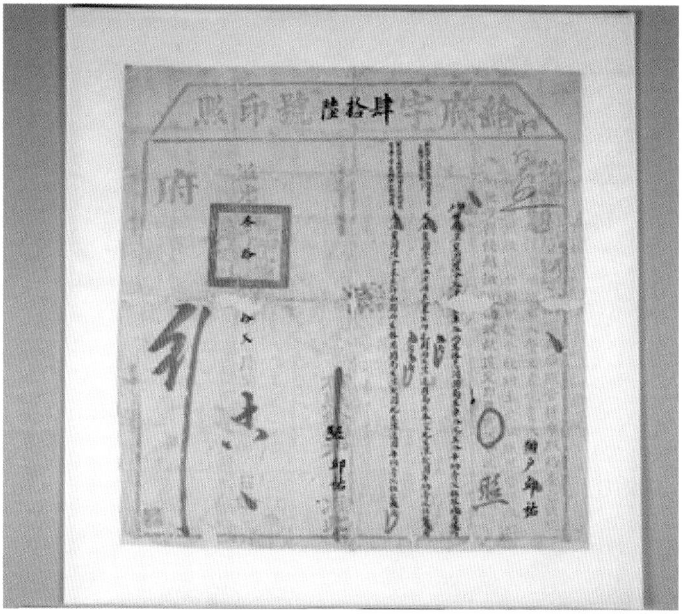

◓ 墾照修護前。

◒ 墾照修護後。

修護完成後，讓我們能繼續追查它的故事，其中一張在年份處，更爲確定是道光三十年，道光是在該年一月十四日駕崩，而咸豐於同年卽位，詔令隔年爲咸豐元年，因此這也是道光末年的一張墾照。

墾照與家族開墾

四張墾照上有個共同處：邱家開墾者身分被以紅硃筆改「佃戶」爲「墾戶」，因而擁有土地開墾權利。開墾土地屬於台江內海陸浮地，位置座落於外武定里菅仔埔，此地是地力效益極低的鹽分地帶。通常陸浮後的土地屬政府所有，邱家繳出的租稅運用在清代崇文書院教育使用。四張墾照，除爲地方家族歷史之外，墾照也跨越清道光、咸豐、同治至光緒四朝的政權更迭。

四張墾照共列了五位墾戶姓名，透過邱家世系表，解開墾照中墾戶間的關係。這些墾戶爲邱滔後代，邱祐是邱家移墾台江的第二代，第三代邱寅，第四代有邱太、邱和、邱軍（與「君」音同，本文採家族系譜稱法），第五代邱和尙。邱家推估家族移墾台江之行動最早可能始於邱滔，不晚於第二代邱祐，更大可能是兩人是同一時期進入浮覆地，直到邱和尙爲止，家族已移墾四至五代之久；根據邱家系譜，保守推測邱家遷居台江至少二百到二百三十年，甚至更久，邱家指出以祖先開墾體力與年紀推估，進入台江時間不晚於一八〇〇年前後。果眞如邱家開玩笑說是「台江首戶」，也不爲過！

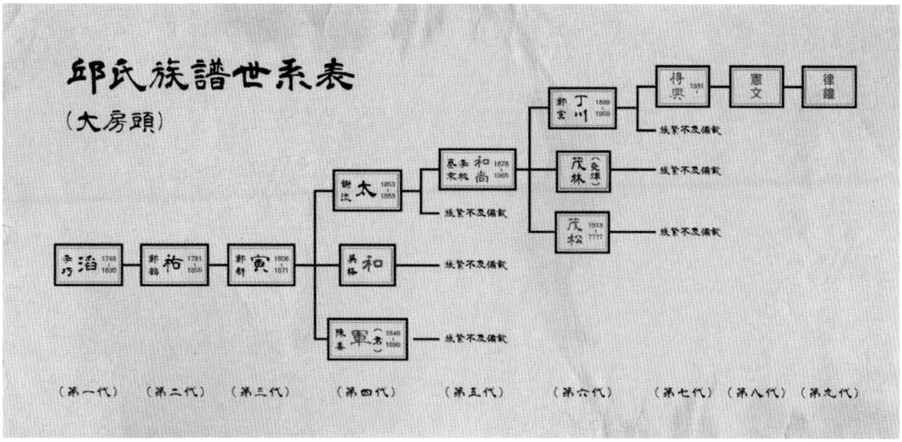

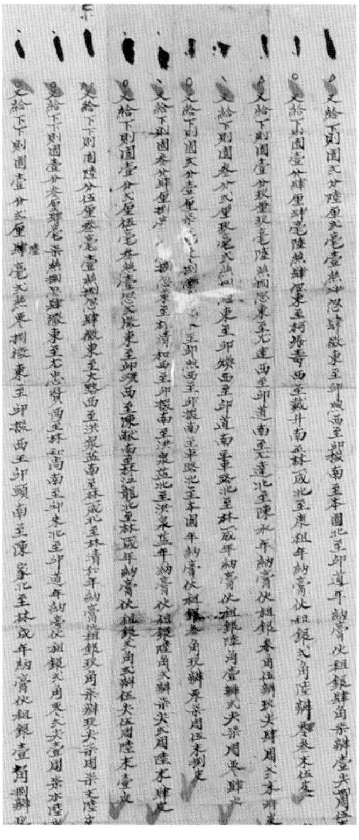

- 邱氏族譜世系表，邱保周製。
- 道光十四年墾照細則。（館藏號 2017.021.0004）

四張時間長度跨越三十四年的家族墾照，探究墾照所記錄之時間、空間、土地面積、稅額與田地位置、以各種顏色重疊的字跡等資訊，得窺見地方發展的樣貌，如第一張道光三十年墾照細則指出，邱家園坵座落四圍相鄰其他姓氏園地有林氏、陳氏與賴氏等園；經三十四年後的光緒年間，除道光年間既有已出現的姓氏人群外，新見其他如柯氏、戴氏、尤氏、洪氏等新的人群加入，顯見清道光至光緒年間，中洲寮形成更加複雜的社會網絡。

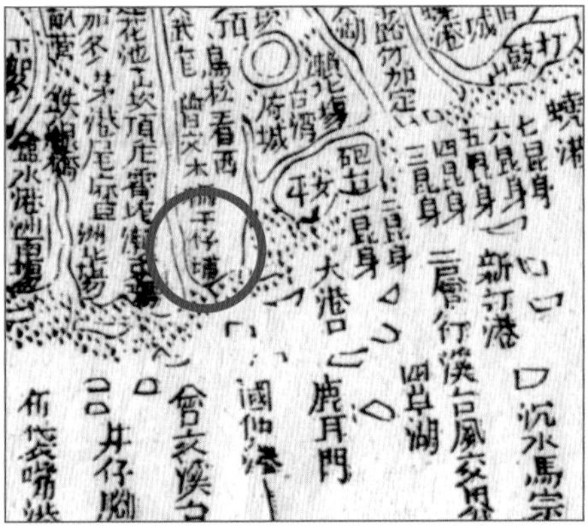

◐ 1880年（光緒6年）刊印的《臺灣輿圖》中的〈全臺前後山小總圖〉將台江地區標示為「干仔埔」。「干仔埔」亦即菅仔埔，臺語讀音同。當時台江地區浮覆地的泛稱之一即菅仔埔。（館藏號2004.020.0079.0001）

家族觀點，尋找祖先從學甲到台江路線

話說三十年前，當時邱家墾照尚未在家族中曝光。落居於中洲寮的邱氏家族一度認錯祖先，在一次祭祖時意外察覺墓碑先人名字有異，可能所拜並非先人，展開尋找祖先是「誰」又「如何」到台江浮覆地的尋根。家族從耆老口傳，推敲先人自學甲中洲至安南區中洲寮（當時稱菅仔埔）可能的兩種開墾路徑：

其一：從海路搭小舟或竹筏等水上工具來。西元一七九五年（乾隆年間）前，從灣裡溪（今將軍溪）口山仔腳，沿著西部海岸線到台江內海一帶從事捕撈魚蝦維生。到了嘉慶年間曾文溪氾濫，自上游帶來土石，逐漸堆積成地。推測先人因經常出入在此沿海一帶，因此熟悉台江內海附近海域，造就先人開墾先機，在此地圈地築塭，墾荒整地農耕，漸次搭寮定居。

其二：從陸路以牛車或走路的方式來。一八二三年（道光三年）連續豪雨，台江內海一夜間浮覆為陸地，由於芒草叢生，礫石遍布，鹽分偏高，邱氏開基大祖不畏艱困環境，自學甲中洲過港仔，循著台江內海沿岸開墾荒蕪的菅仔埔，在中洲寮圈地築塭，

整地種植並搭建草寮居住。

爲了尋找先祖，邱家族人第七代邱保周先生根據日本時期家族戶籍謄本、一九三五年《臺灣舊地籍圖》及歷史地圖，再佐以《邱滔派下世系表》，以ＧＩＳ繪製出家族在中洲寮兩次拓墾路徑。第一次拓墾：以邱滔爲首的家族成員，自學甲中洲過港仔經水或陸路抵達台江浮覆地中洲寮，落腳於地勢較高又接近今日六塊寮排水線旁的開基祖厝「公田仔」；若干年後，與同來自學甲中洲林姓家族聯手，往祖厝東北方開發聚落，稱爲「社內」。圖上粉紅色塊爲大房所有，綠色色塊爲二房，藍色色塊爲三房，紫色色塊爲四房和五房共有。第二次拓墾：比對一九〇四年《臺灣堡圖》與一九二一年《臺灣二萬五千分之一地形圖》，「公田仔」已消失，持續發展「外面社仔」聚落，粉紅色色塊爲大房所有，綠色色塊爲二房，藍色色塊爲三房，紫色色塊和黃色色塊分屬四房和五房所有。

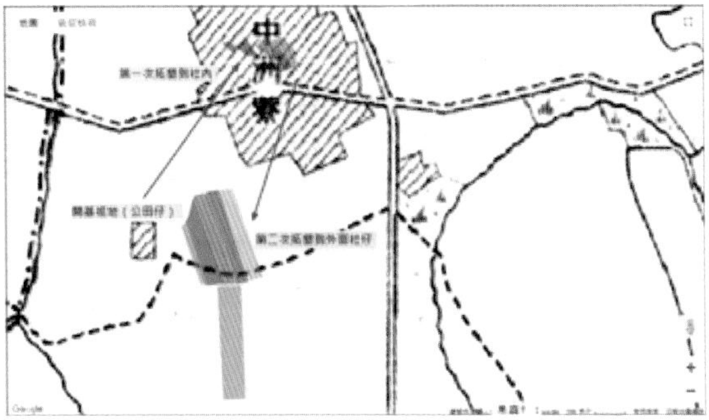

◓ 邱家落腳中洲寮後的拓墾軌跡，邱保周繪。

家族捐出台江墾照作爲博物館藏品，博物館通過保存修復技術，還原文物樣貌，再細讀墾照所載資訊，透露當時浮覆地的開墾者與政府之間有一套牽動彼此的管理機制，墾照同時反應台江人群社會處境與社會秩序。博物館通過展示公開與研究探討，探索了不只是大時代的歷史，還有大環境下小人物不折服的生命力。（邱保周、陳怡菁、鄭勤思）

UROCISSA CÆRULEA, *Gould.*

J. Gould and H. C. Richter, del. et lith. Walter & Cohn, Imp.

27

發現臺灣的人

十九世紀時，世界怎麼認識臺灣？透過來臺探險旅行家的口述或筆繪，「臺灣」形象於焉成型，臺史博館藏的英國鳥類學者古爾德（John Gould）繪製的「臺灣藍鵲」科學圖繪，便是創造臺灣形象的元素之一。

約翰古爾德繪〈臺灣藍鵲〉

館藏號 2010.018.0002.0011
年代 1862 — 1883 年
材質 紙質
尺寸 37.5 公分 ×55 公分

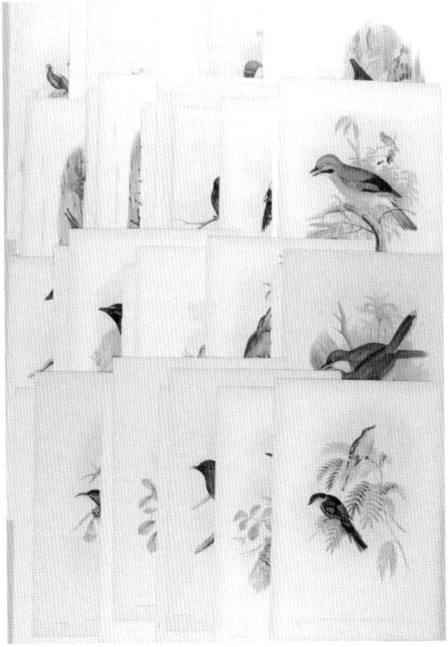

這些臺灣鳥類圖像由約翰・古爾德繪製，他曾任園藝師與標本剝製師，1827年，古爾德應聘進入倫敦動物學會博物館（Museum of the Zoological Society of London），協助維護館內標本。古爾德因此接觸來自世界各地的鳥類標本及相關紀錄。透過這份工作，他編輯了數本鳥類目錄，當中《亞洲鳥類》計有七冊，內含530種鳥類繪圖及相關文字說明，臺史博收藏書中20件臺灣鳥類圖像。（館藏號2018.008.0002）

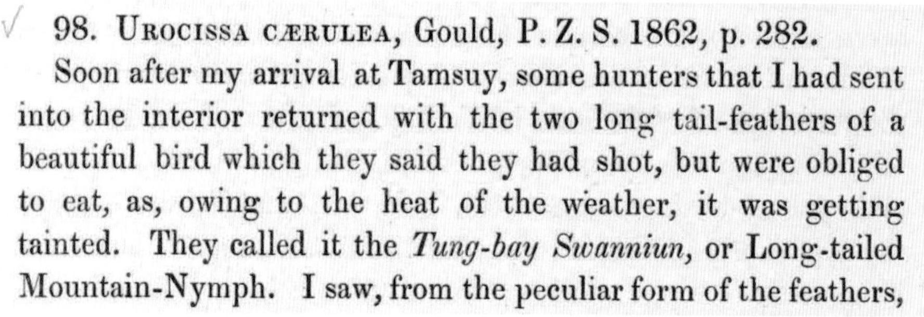
98. Urocissa cærulea, Gould, P. Z. S. 1862, p. 282.

Soon after my arrival at Tamsuy, some hunters that I had sent into the interior returned with the two long tail-feathers of a beautiful bird which they said they had shot, but were obliged to eat, as, owing to the heat of the weather, it was getting tainted. They called it the *Tung-bay Swanniun*, or Long-tailed Mountain-Nymph. I saw, from the peculiar form of the feathers,

這是臺灣藍鵲在郇和論文內的紀錄。郇和首次見到臺灣藍鵲，是幾根獵人攜回的尾羽而已。不久以後，郇和從獵人那裡獲得整隻死去的臺灣藍鵲，還在一八六二年三月自行持獵槍擊斃了一隻雌性臺灣藍鵲，並捕獲一隻同種的雄性活體。可惜的是，有關獵捕兩隻臺灣藍鵲的過程，郇和並未詳細描述。取自Robert Swinhoe,"The Ornithology of Formosa, or Taiwan." The Ibis 5 (1863), pp.384-386. 文獻來源：https://rdc.reed.edu/c/formosa/home/，經建置人費德廉教授（Douglas L. Fix）同意使用。

紙上的臺灣藍鵲

這張圖中，臺灣藍鵲的紅色腳趾緊抓著樹枝，頭往側邊擺動。黑色的頭部、藍色的身體，碩大蓬滿的尾羽往下垂著，上有黑白相間的斑點。圖像遠處，其他三隻藍鵲以不同的姿態，亦攀附在樹枝上。最左邊的藍鵲翹首，脖子往上延展。左二的藍鵲往下俯視，露出另一面全藍色的尾羽。最右邊的藍鵲，則以身體正面凝視觀者。透過四隻儀態不同的臺灣藍鵲，古爾德呈現了不同角度的同種鳥類，觀者因而能綜覽藍鵲的全身樣貌。

不過，古爾德在製作臺灣藍鵲的繪圖時，其實從未在田野見證活生生的鳥隻，而是透過採集人的口述、文字筆記、影像捕捉及寄回來的標本，整理、檢查並臨摹而成。而野生的臺灣藍鵲不會定點停格，必定是活蹦亂飛地，所以提供圖繪素材的「這群人」究竟是誰？

有關「這群人」，我們從郇和（Robert Swinhoe，也翻譯爲史溫侯、斯文豪）談起，他在文章中透露了在臺採集的實戰經驗。

採集臺灣的技術

郇和是首位英國駐臺外交人員，也是一位熱愛探索自然的博物學家。他出身印度加爾各答，童年時期即返英接受教育。他通過外交訓練後，長期擔任英國駐華外交人員。一八五六年起，郇和開始因公務考察多次訪臺，一八六〇年起，郇和擔任英國政府在臺代表，長期在臺活動，直到一八六六年調往廈門。在臺履職期間，郇和持續調查自然物種，爲十九世紀西方世界開啟不斷「發現」臺灣的序曲。

郇和在臺從事採集活動時，雇用了嚮導、武裝及打獵等不同能力的在地臺灣居民。

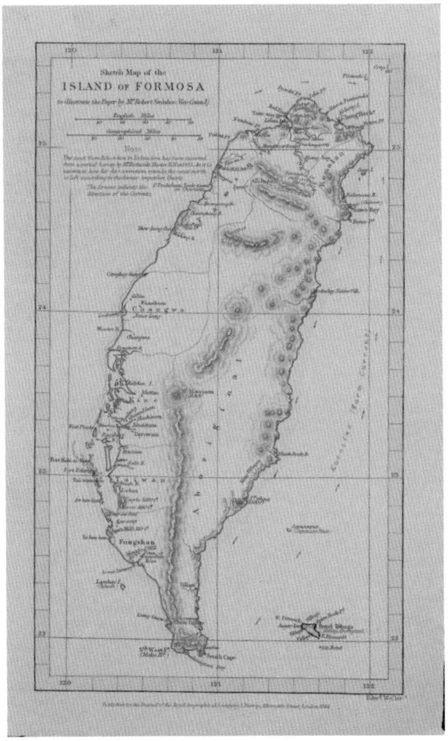

郇和繪製的福爾摩沙地圖。郇和任臺灣副領事一職時，繪製了這幅臺灣全圖，西南沿海及北部海岸線相當細膩，反映西方人在1860年代初期，僅能於臺灣南部及北部沿海踏查，未能深入臺灣內陸及深山。（館藏號2003.015.0099）

◐ 19世紀時的西方人，是無法隻身一人在臺旅行的。除了人生地不熟之外，也因為容易被臺灣在地居民視為肥羊，不得不雇用當地人協助旅行事宜。相片中左臉包紗布的李仙得（Charles W. Le Gendre），他是法裔美國人，羅發號事件後來臺與部落交涉，簽訂〈南岬條約〉，後擔任日本顧問，為1874年出兵臺灣提供了相關情報，訪臺灣南部原住民部落期間，聘雇保鑣隨行，以維護安全。（館藏號2010.018.0003.0036）

透過郇和的文字紀錄，我們推知部分獵人的族裔。舉例來說，有獵人拒絕協助收集夜鷺，他們跟郇和表示夜鷺這個物種在信仰觀念中，是一種「惡靈」的化身，所以如有接觸，恐有噩運纏身。雖然郇和在文字中難掩失望，不過我們也因此得知，郇和聘僱的是漢族獵人，而非印象中擅長打獵的部落原住民。

除此以外，郇和提及獵人執行工作時，通常會帶著動作敏銳的獵犬，協助捕捉行動矯捷的動物。郇和也聘用過專業的捕鳥人，依據物種的習性，設置特殊的陷阱抓捕特定鳥類。例如利用竹雞捍衛領域的特性，在特製陷阱內置入訓練有素的誘餌竹雞，並使之啼叫不止，另一隻竹雞便會飛奔衝入陷阱，而輕易地遭到捕獲。

值得一提的是，獵物的保存也是獵人的工作。因爲動物遺體容易腐爛，所以捕獲動物時便得立即製作成標本，不然遲至遺體腐爛時才開始剝皮，很難保存完整的動物標本，故郇和曾訓練獵人如何立即製作標本。郇和提過，一對遭到獵人捕獲的同種雄、雌鳥，由於雌鳥已經嚥氣，獵人剝除了雌鳥的外皮，避免在燠熱的臺灣氣候下快速腐爛。至於奮力掙扎的雄鳥，待郇和見過後，爲免雄鳥亂動而破壞羽毛，會立即擠壓肋骨與心臟致死。

「發現」臺灣的一群人

透過上述，郇和「發現」臺灣的歷程，不只是西方人，還有眾多臺灣在地夥伴的協助，是爲「一群人」的共作成果。他們收穫的標本，送往歐美的典藏機構研究及保存，成爲西方認識臺灣的物件。

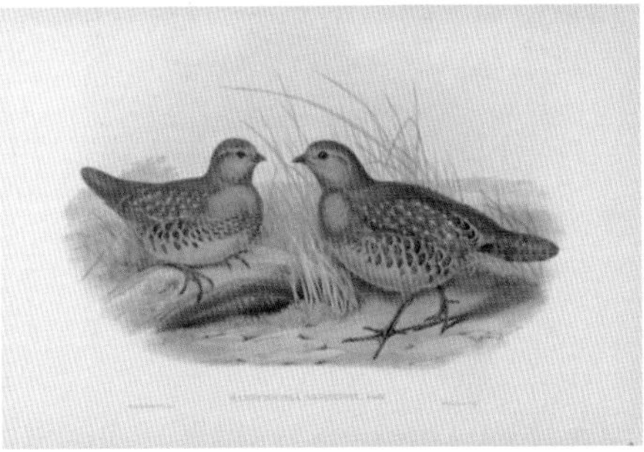

◓ 南投竹山福順宮八家將羽毛扇。郇和收集鳥類時，除了鳥類掙扎破壞羽毛的完整性，也會因為民眾索求羽毛製作日常用具，如扇子，只好分出部分羽毛給民眾。導致鳥類標本羽毛有所缺漏。本圖為扇子示意圖，非郇和提供羽毛所製。（館藏號 2005.010.0070）

◒ 約翰·古爾德繪製的竹雞，雄雌各一，收錄於《亞洲鳥類》。（館藏號 2010.018.0002.0007）

郇和所採集的鳥類標本，位於英國倫敦的邱園（Kew Garden）計有五十餘件，其他物種標本分散各地。郇和還撰述將了近三十餘篇有關臺灣的文字報導，部分附有彩色插圖。

郇和之後，後續多位西方旅人湧入臺灣，繼續協同臺灣在地採集夥件，持續記下臺灣的自然風土、人文風情，不斷「發現」臺灣。時至今日，這些來自十九世紀西方旅人的紀錄，堆砌出有別於清國視角的臺灣印象，重要的是，也反映世界各方在歷史上如何處理及詮釋臺灣議題，是今人追尋臺灣與世界動態交織的重要線索。（張安理）

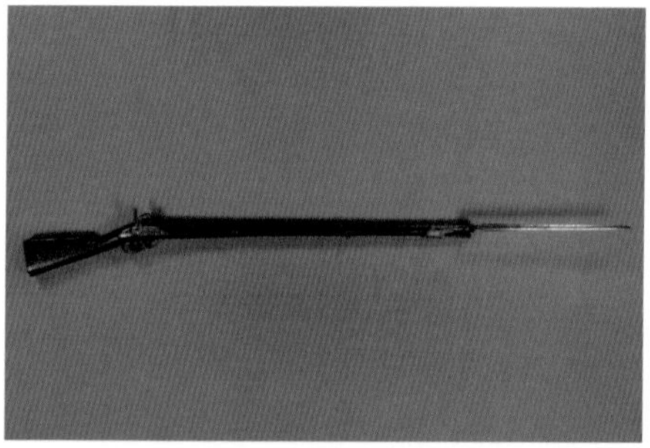

◓ 郇和本人及所聘僱的獵人，通常使用獵槍擊殺獵物，盡量打中動物的眼睛，以免破壞動物標本完整性。本件為燧發槍，又稱鳥銃、鳥槍或鳥嘴銃，常用於17-19世紀，郇和及獵人很有可能使用類似形制的槍枝。（館藏號：2004.028.6059）

◒ 郇和所採集的鳥類標本，位於英國特林的自然史博物館（Natural History Museum at Tring）計有五十餘件，其他物種標本分散各地。郇和畢生撰述近三十篇有關臺灣的文字報導，部分附有彩色插圖。本照片是年輕學者John Young於2014年在特林的自然史博物館所找到郇和製作的標本並拍攝了照片（費德廉教授提供）。

在鳥類標本製作上，務求完整保留軀體及羽毛，以利辨識鳥種。所以，採集人最好是以子彈擊中鳥的眼珠，製作標本時更換眼珠即可。古爾德是什麼情況下獲知臺灣藍鵲的眼珠顏色及造型，是值得繼續追索的議題。

科學圖繪內所展示的植物，也是有考究的，必須符合圖繪主角的棲息環境。圖繪內臺灣藍鵲所站立的樹種，極有可能是中、低海拔闊葉林植物種類。

臺灣藍鵲之臺語名稱是長尾山娘，成鳥體長約63到68公分，黑白相間的尾巴長度約34到42公分，尾巴是身體的一半以上。

延伸閱讀

・費德廉、蘇約翰主編，羅效德、費德廉翻譯，《李仙得臺灣紀行》。臺南：國立臺灣歷史博物館，二〇一三。

・張安理，〈郇和（Robert Swinhoe, 1836-1877）及其博物學研究〉。臺北：國立臺灣師範大學碩士論文，二〇二〇。

28

建設的人

北浦義三拍攝臺東里壠水道施工情形底片

館藏號 2016.026.0002.0011（北浦修、北浦輝久先生捐贈）
年代 1926 — 1932 年間
材質 玻璃底片
尺寸 6 公分 × 4.5 公分 × 0.1 公分

搭乘飛機而來的文物

二〇一五年的四月，臺北東京文化中心來函臺史博，告知有位北浦修先生致函該中心，表示欲致贈父親北浦義三於一九二六年至一九三二年於臺東廳里壠支廳（轄域包含今臺東縣關山鎮、池上鄉、鹿野鄉、海端鄉、延平鄉等地）任職警察時，拍攝之該地排水設施乾版底片，詢問臺史博是否有收藏意願。經筆者與北浦一家聯繫後，北浦修的弟弟輝久表示此爲玻璃底片，爲避免寄送時破裂，特地於二〇一五年九月搭機護送四十六張底片及三個紙盒來臺。筆者前往桃園機場接機，並在前往下榻旅館途中及旅館房間，進行訪談，除了說明父親事蹟外，北浦輝久也分享他小時候在臺灣的生活經驗，諸如對於臺灣人喪禮的冗長與鋪張的深刻印象，以及與臺灣人鄰居互用自己母語對罵的經驗。

義三的四十六張照片中，有十三張是翻拍自《臺灣寫眞大觀》寫眞帖（出版於一九三〇年代，至遲不超過一九三二年），可能是北浦義三透過某種管道借閱翻拍，另有數張從照片邊角推測也是翻拍照。其餘則爲義三在臺東建設排水路時以英國相機拍攝的珍貴照片。

不一樣的日本警察

一八九七年六月六日，北浦義三出生於日本三重縣，曾就讀東北帝國大學電氣工學科，曾前往美國洛克斐勒研究所，還曾在美國奇異（GE）及西屋（Westinghouse）公司、德國西門子公司、荷蘭飛利浦公司任職，也曾前往英國、俄國及埃及，後因服兵役而回日本。退役

北浦義三翻拍三線道路（臺北市）底片。北浦義三除了自行拍攝的臺東照片外，也翻拍了不少《臺灣寫真大觀》的照片，此即是編號13，內容為臺北市近代都市計畫下的北三線道路（今臺北市忠孝西路），由西往東望，整齊的街道，種有行道樹。義三翻拍照片推測多是他由於工作，而無法親自造訪的地方。（館藏號 2016.026.0003.0002）

北浦義三拍攝臺東里壠水道施工情形，除了有戴臺灣斗笠穿著漢人服飾的工人外，也有穿著原住民服飾的工人，應即被動員而來擔任苦力的原住民。（館藏號 2016.026.0002.0001）

後，進入東京電燈（即現在的東京電力），一九二三年關東大震災時，北浦義三身受重傷，因此自東京電燈公司離職，回鄉調養。後來爲了家族生計，遂至臺灣擔任警官，於一九二六年五月十三日調任臺東廳里壠支廳擔任巡查。名校畢業且具有專業技術出身的北浦，與當時一般的日本警察有著不同的學識背景。

北浦義三與北浦玉枝（一九〇五年生）結婚，生有四子一女，有兩位是灣生。義三子女不是灣生，就是童年曾在臺灣生活數年，對臺灣有著深厚的感情。

根據北浦輝久所述，義三利用在東電時習得的各種技術，爲了開發土地及改善當地住民生活，以及防治瘧疾，而進行排水路的建設整備，並利用相關建設進行水力發電。北浦義三會先聽取地方過去經驗，然後參考河川枯水期，及氾濫受害情形之後才進行設計，盡量不使用水泥，使用天然石頭施工，稱爲野

面積（のづらづみ），此爲日本獨特工法，常用於築城。

一九三二年義三自警察的職位退職，一度回到日本，在三重縣多氣郡從事農業，後來爲協助重建名古屋的井上橡膠工業，遂移居該地，並擔任橡膠工業組合的理事長。

謎樣的里壠支廳排水路

那麼照片中的里壠支廳排水路到底所指是什麼呢？筆者查找現存的一九三一年《臺東廳要覽》，在防治瘧疾（マラリア）的條目中，有著一九二四年後以「地物整理」爲主，一九二九年後則採取地物整理與驗血服藥並行防治策略的相關記載。所謂地物整理，則包含濕地填埋、滯留水、湧出水排水設施、雜草木砍伐。此外，除了里壠及新港的排水設施外，都由當地居民義務勞力進行防治工作。如輝久所言，其父爲了防治瘧疾進行排水路的建設，應該就是指此事。但根據常理及其他排水閘門等照片推測，這些排水路除防治瘧疾外，應該也兼

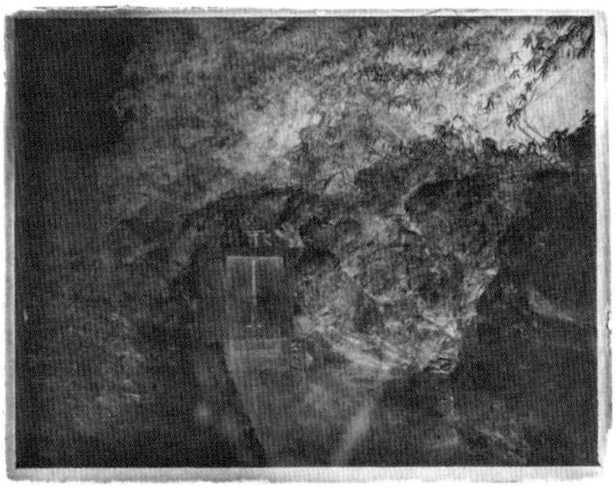

北浦義三拍攝臺東里壠水道閘門底片，有閘門可以調節水源，推測排水路具有灌溉功能。（館藏號 2016.026.0001.0004）

具著灌溉水源的功用。從照片中可以看到許多工人，是由原住民擔任。後來興建的卑南大圳也大量徵用了阿美族人擔任勞動力，是日本時代東臺灣的施工特色，即研究者所稱的「強制苦力出役」（misakoli），日警擔任監督者，這種出苦力的徵用過程及方式，造成不少爭議與問題。

再度來臺與戰後遣返回國

一九四〇年左右，義三受軍方及工業會委託，再度至臺東廳臺東街，從事軍方口香糖的生產，該口香糖是從一種榕樹萃取樹液製成，據輝久描述，該企業是伊藤商店臺灣店。一九四五年日本戰敗後，輝久回憶，北浦家先在花蓮港等待回國的船隻，並被教唱中華民國國歌，成爲北浦家唯一會唱的中文歌，最後於一九四六年，全家搭乘丙型海防艦八十一號返回日本。一九四八年義三在名古屋市創立太洋橡膠株式會社，一九八〇年去世。

如今已無從得知北浦義三如何執行上級的指令，興建排水路，以及他運用原住民勞動力實際的過程。但是義三拍攝的底片，當時除了照片交給上級，由於他一九三二年退職後一度返回日本一段時間，帶走了這批底片，若留到戰後遣返，因國府的攜帶行李限制，多數財產物件都無法帶走，更遑論玻璃底片。他與後代因此得以精心保存這批底片近百年，也爲日本時代東臺灣留下珍貴的影像紀錄。（陳怡宏）

延伸閱讀

- 賴昱錡，《Misakoliay Kiso Anini Haw？（你今天做苦力了嗎？）——日治時代臺東廳阿美人的勞動力釋出》。臺北：國立臺灣師範大學臺灣史研究所，二〇一一。
- 臺東廳，《臺東廳要覽》。臺東：臺東廳，一九三一。
- 〈敍任及辭令〉，《臺東廳報》五八六號，一九二六年五月十八日，頁二一九。

危險倍減
Less Risky
快樂倍增
More Happy
預防AIDS等性病三法寶
Three Special Weapons For Stopping AIDS
CONDOM Ⅰ 保險套
CONDOM Ⅱ 保險套
CONDOM Ⅲ 保險套
AIDS答詢專線
衛生署
02-3962847
祁家威
02-3952854
AIDS驗血地點
1.全國各大教學級醫院
2.台北市立性病防治所
1.北市南昌醫學檢驗院
福州街/八德路二、三段

祁家威自費印製「危險倍減・快樂倍增」反愛滋海報

館藏號 2021.018.0002
年代 1980 — 1990 年間
材質 紙質
尺寸 63 公分 ×87.2 公分

一九八〇年代，臺灣社會追求自由民主的呼聲漸漲，面對威權統治，抗爭事件層出不窮；一九八七年宣布解嚴後，人民的基本權利回歸憲法保障，開始透過社會運動的方式，展現積蓄已久的行動力，「臺灣同志運動」也同時興起：從早期面對愛滋病的「艱困歷史」，到如今融入日常生活，繼而爭取體制內「婚姻平權」的基本人權，有個人衝撞也有集體行動，終於，同性戀族群不再是禁忌與問題的代稱。

臺史博典藏的這幅「危險倍減．快樂倍增」海報，宣導使用保險套、預防愛滋病，由臺灣知名的同志運動者祁家威自費印製，年代介於一九八〇年至一九九〇年間。和今日街道或網路張貼散布的衛教海報相比，沒有太多廣告的修辭或衝擊的影像，僅以簡單的「男女、男男」性別符號和「CONDOM、保險套」等字樣呈現，且海報上並列代表官方的衛生署（現爲衛生福利部）與祁家威個人的聯絡資訊，也與今日習慣上由政府部門負責衛教宣導的做法不同。看似平凡無奇的一張海報，反映當時同性戀族群與臺灣社會「相遇」的歷史場景，也見證後續一連串與主流社會的關係變化。

一九八六年，祁家威在臺北一家麥當勞自己召開國際記者會，發表〈對社會大眾及同性戀者的懇切聲明及呼籲〉，公開談論同性戀族群的處境，成為臺灣首位在公共場合出櫃的同性戀者。此後，他以個人志工身分投入愛滋預防，不僅提供免費諮詢及醫療轉介服務，自願當政府與民間的合作橋樑，更經常一個人「華麗」扮裝，在街頭發放保險套宣導安全性行為。

中華民國七十九年七月二十三日

從愛死病看同性戀

新焦點引出老話題

社會對同性戀的觀感已日趨開放

頭髮的染色

需配合得當才有美感可言

流行感冒可能是多種病毒同時作祟

量力而為課外補習

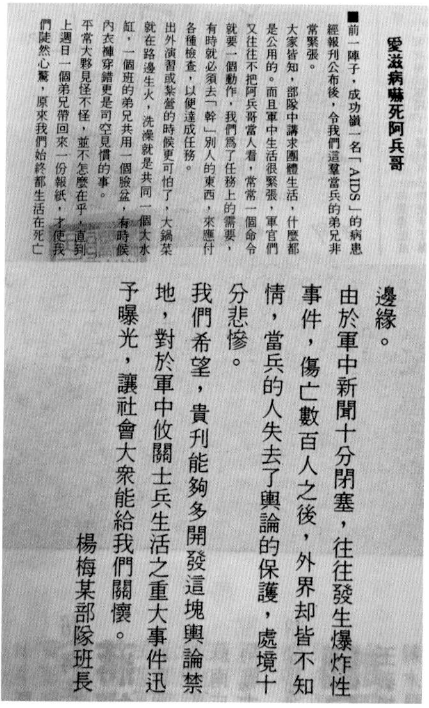
愛滋病嚇死阿兵哥

■前一陣子，成功嶺一名「AIDS」的病患經報刊公布後，令我們這羣當兵的弟兄非常緊張。

大家皆知，部隊中講求團體生活，什麼都是公用的。而且軍中生活很緊張，軍官們又往往不把阿兵哥當人看，常常一個命令就要一個動作，我們為了任務上的需要，有時就必須去「幹」別人的東西，來應付各種檢查，以便達成任務。

出外演習或紮營的時候更可怕了，大鍋菜就在路邊生火，洗澡就是共同一個大水缸，一個班的弟兄共用一個臉盆，有時候內衣褲穿錯更是司空見慣的事。

平常大夥見怪不怪，並不怎麼在乎，直到上週日一個弟兄帶回來一份報紙，才使我們陡然心驚，原來我們始終都生活在死亡邊緣。

由於軍中新聞十分閉塞，往往發生爆炸性事件，傷亡數百人之後，外界却皆不知情，當兵的人失去了輿論的保護，處境十分悲慘。

我們希望，貴刊能夠多開發這塊輿論禁地，對於軍中攸關士兵生活之重大事件迅予曝光，讓社會大眾能給我們關懷。

楊梅某部隊班長

◓〈從愛死病看同性戀〉，民國79年7月臺灣衛生新聞社發行《臺灣衛生新聞》第1981期。（館藏號2007.004.0276）

◒〈愛滋病嚇死阿兵哥〉，民進雜誌社發行《民進週刊》第26號第2至3頁。（館藏號2004.021.1352）

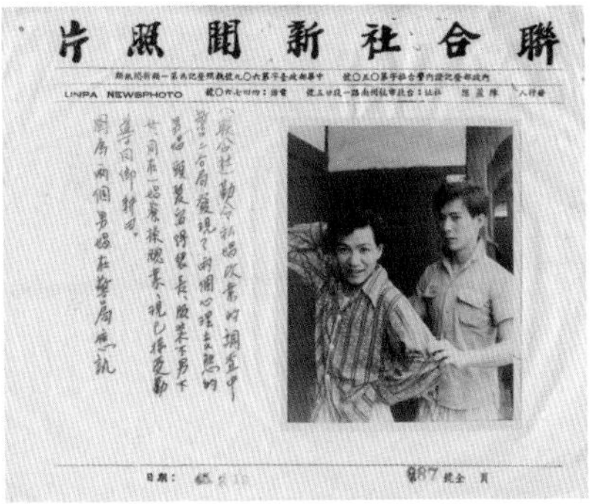

◐〈壓卷人物：半個英雄－光泰〉，八十年代雜誌社發行《八十年代》週刊第5期。（館藏號：2004.021.1303）

◑ 聯合社攝〈勒令私娼改善〉新聞。（館藏號 2010.006.0292）

愛滋病與同性戀

一九八一年，美國首次發現大規模愛滋病案例，因患者多為年輕男性、且曾發生同性間性行為，在致病機制未明下，醫界甚至直稱「男同性戀病」。儘管後來發現病原體 HIV 病毒是一種感染人類免疫系統細胞的病毒，且有更多非因同性間性行為而感染的案例出現，同性戀族群與愛滋病的關聯也從未消散，反而成為迫使同性戀者現身的關鍵。

當時的臺灣社會尚未解嚴，但在媒體的跨國推波助瀾下，人們對愛滋病的認識，一樣也戴上「專屬同性戀」的有色眼鏡，部分報章雜誌或文學作品將 AIDS 翻譯為「愛死病」，隱含同性間性行為「不正常」的道德評斷，感染者應「自負全責」。

當疾病連結上特定人群的刻板印象或偏見，就變成汙名化的標籤。同性戀族群因為愛滋病而重新被看見，看似是醫學上理性的「就病論病」，但受到根深蒂固的文化成見影響，始終無法擺脫「性濫交」等負面形象；在爭取國家醫療支援的同時，也展開一場擺脫汙名的抗爭運動。

「同志」向社會公開現身

一九八〇年代以前，同性戀在臺灣社會還是相當禁忌的議題，媒體中若出現同性戀族群，通常是獵奇式的風俗異事報導，或者錯亂行爲導致悲劇的醒世寓言；倒是在文學作品或文藝圈中，已經存在一些關於同性戀者的描繪或猜想，較爲人知的如白先勇《孽子》、光泰《逃避婚姻的人》。

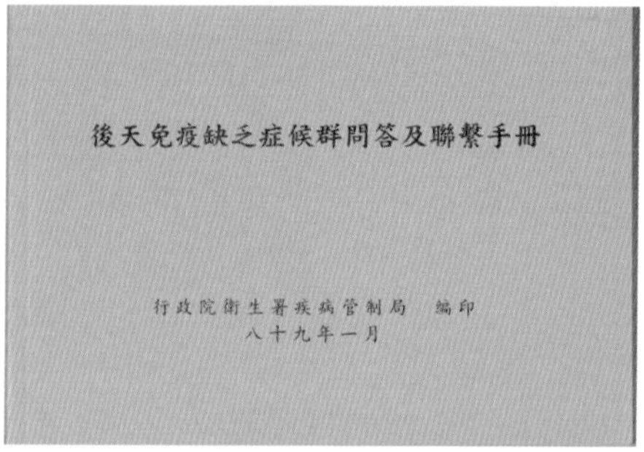

◓ 90年代行政院衛生署疾病管制局編印《後天免疫缺乏症候群問答及聯繫手冊》。（館藏號2004.071.0002）

◒ Safeway數位保險套，衛生署疾病管制局愛滋防治推廣用品，寫有「NO SAFEWAY, NO WAY!」、「0與1之間的體貼與溝通」等文案。（館藏號2004.071.0039）

隨著一九八五年衛生署成立「後天免疫缺乏症候群」防治小組，將愛滋病定為「報告傳染病」，確立診斷標準及處置機制開始，到一九九〇年進一步三讀通過《後天免疫缺乏症候群防制條例》專法，賦予法源依據推動愛滋病的「生命治理」，同性戀族群出現在政府的衛教圖像中，成為重點標的。

另一方面，同性戀議題在一九九〇年代臺灣的文學、戲劇和影視作品中大放異彩，多部著墨同性戀的作品獲國內外重要獎項肯定，金馬國際影展也從一九九二年起，選映「同志電影」專題。文藝圈的多元包容率先成為社會認識同性戀族群的窗口，與一九九〇年代開始方興未艾的校園同志社團與網路 BBS 發展互相呼應，也預示其後同性戀族群透過自我培力，成立如「臺灣同志諮詢熱線」等組織化的同志運動與服務團體，以更為集體而多元的方式，投入改變臺灣社會。

「我們要結婚！」向婚姻平權邁進

二〇〇三年起，每年十月，臺北均會舉行臺灣同志遊行，目前已是亞洲最具代表性的同志活動，遊行主題從反對歧視、展現自信，到看見差異、擁抱少數，再到追求婚姻平權、保障基本生活等。在隊伍中總是可見到祁家威站在高處揮舞彩虹旗，以及來自不同領域、地方的同志團體與支持者齊聚一堂，展現活力與訴求；過去是祁家威獨自在第一線衝撞，讓大眾看見同性戀族群，隨著越多人的參與及凝聚社會多元共識，爭取「同志婚姻平權」的呼聲也越來越關鍵。

◓ 同志熱線活動相片／台灣同志諮詢熱線協會拍攝、提供。以「創用CC-姓名標示 3.0 臺灣及其後版本」（CC BY 3.0 TW+）發佈於「國家文化記憶庫2.0」主題平臺網站。

◐ 讓生命不再逝去，為婚姻平權站出來 音樂會（宣傳單）／台灣同志諮詢熱線協會提供，國立臺灣歷史博物館拍攝。以「創用CC-姓名標示 3.0 臺灣及其後版本」（CC BY 3.0 TW+）發佈於「國家文化記憶庫2.0」主題平臺網站。

◑ 同志文宣小物——貼紙、徽章、保險套、潤滑油／台灣同志諮詢熱線協會提供，國立臺灣歷史博物館拍攝。以「創用CC-姓名標示 3.0 臺灣及其後版本」（CC BY 3.0 TW+）發佈於「國家文化記憶庫2.0」主題平臺網站。

一九八六年申請同性公證結婚失敗後，祁家威多年來曾透過各種管道，從不放棄爭取婚姻平權。直到二〇一三年再度申請辦理同性結婚登記仍未獲許可，二〇一五年他首度與台灣伴侶權益推動聯盟律師團合作聲請釋憲，這就是廣爲人知的釋字第七四八號（同性二人婚姻自由案）。終於，二〇一七年五月二十四日司法院公布《司法院釋字第七四八號解釋》，宣告《民法》不允許同性結婚屬違憲，二年內未修正，則同性可直接適用民法結婚。

受到二〇一八年公投結果的影響，《司法院釋字第七四八號解釋施行法》專法於二〇一九年五月二十四日正式施行，臺灣成爲亞洲第一個同性婚姻合法化的國家；二〇二三年一月起，更進一步擴大承認除中國外所有跨國同性婚姻，並在同年五月通過修正案，同性配偶可準用《民法》規定共同收養無血緣之子女，實現法律意義上的「多元成家」。

從對抗汙名化到展現身分認同，再到爭取基本人權的保障，臺灣社會對同性戀族群已較上個世紀更加開放、包容，我們仍不能忘記過去挺身而出的人們，是他們推動時代，讓社會往更好的未來邁進。（陳彥碩、陳韋利）

延伸閱讀

・張弘榤製片、導演，《黎明到來的那一天》。臺灣：藝跡有限公司，二〇二一。
・喀飛，《台灣同運三十：一位平權運動參與者的戰鬥發聲》。臺北：一葦文思／漫遊者文化，二〇二一。
・黃道明主編，〈附錄一：台灣愛滋大事記〉，《愛滋治理與在地行動》。桃園：國立中央大學性／別研究室，二〇一二，頁二二九—二三七。

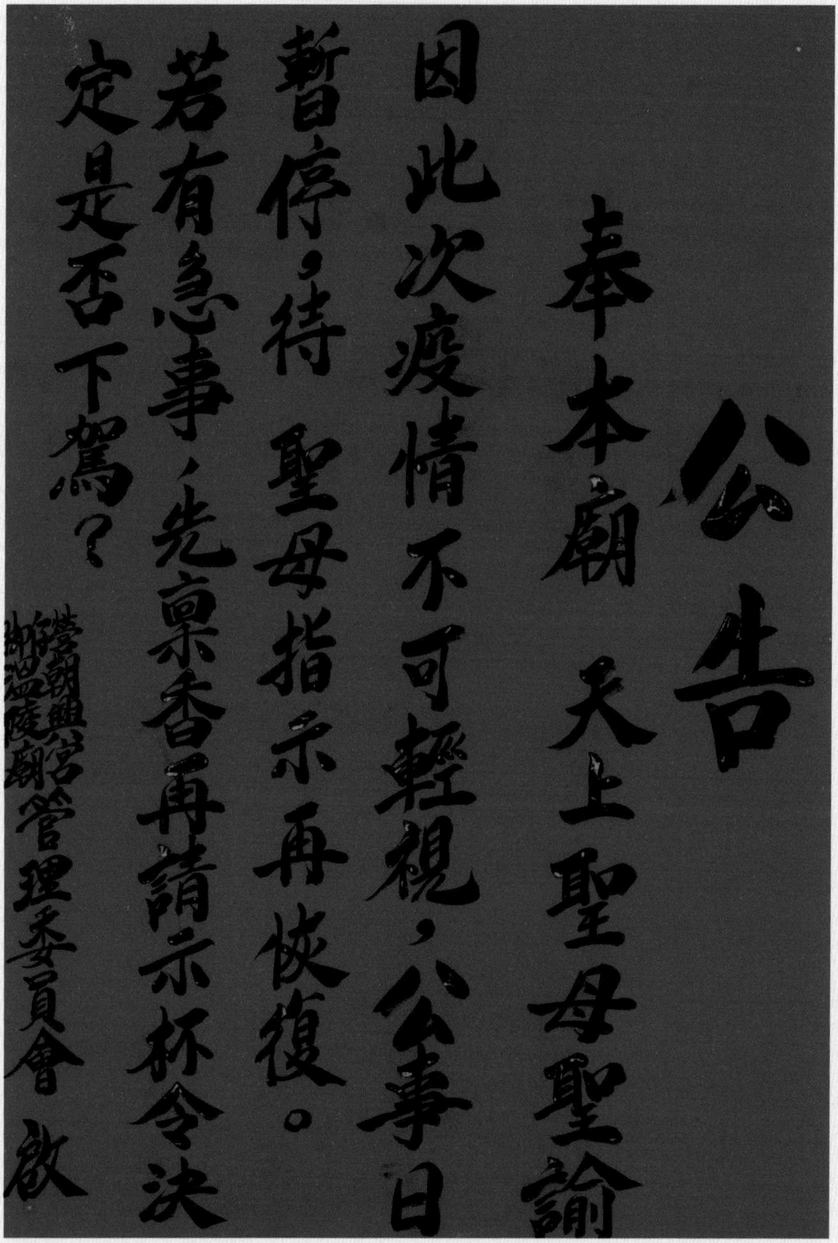
公告

奉本廟 天上聖母聖諭

因此次疫情不可輕視，公事日

暫停，待 聖母指示再恢復。

若有急事，先稟香再請示杯令決

定是否下駕？

營朝興宮
鄉溫陵廟 管理委員會 敬啟

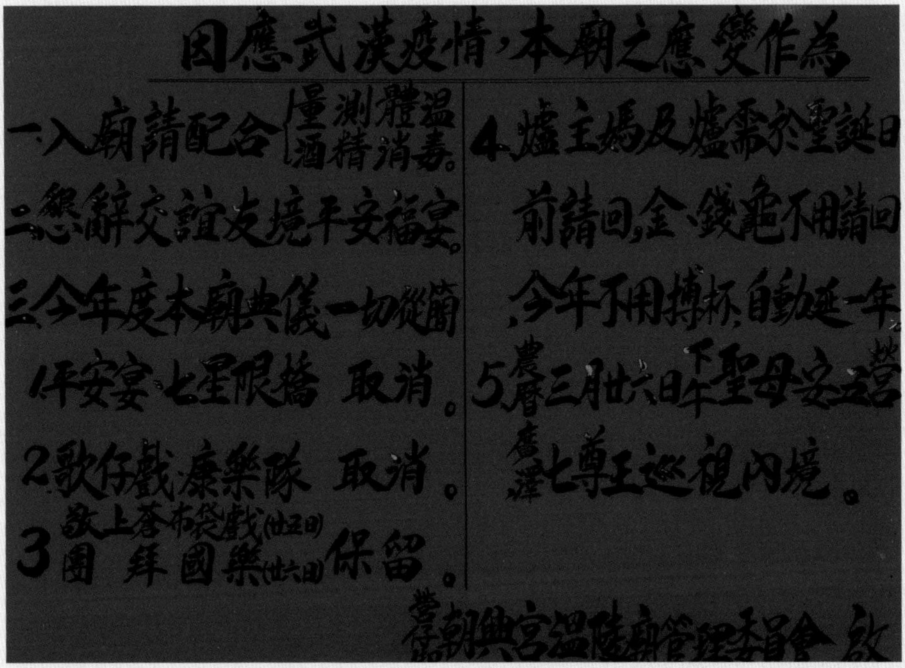
因應武漢疫情，本廟之應變作為
一、入廟請配合量測體溫、酒精消毒。
二、懇辭交誼友境平安福宴。
三、今年度本廟典儀一切從簡
1平安宴、七星限橋 取消。
2歌仔戲、康樂隊 取消。
3敬上蒼布袋戲(廿五日) 團拜國樂(廿六日) 保留。
4.爐主媽及爐需於聖誕日前請回，金、錢龜不用請回，今年不用擲杯，自動延一年。
5.農曆三月廿六日下午聖母安營，舊澤七尊王巡視內境。
營仔腳朝興宮溫陵廟管理委員會 敬

30

與神共同防疫的人

三郊營仔腳朝興宮溫陵廟防疫公告

館藏號 新入館藏尚未取號
年代 2020 — 2022 年
材質 紙質
尺寸 55 公分 × 80 公分、110 公分 × 79.5 公分

2020年4月本館同仁至臺南市朝興宮溫陵廟採集廟方防疫公告，廟方人員協助取下公告。（蘇峯楠攝）

臺南市三郊營仔腳朝興宮溫陵廟這組防疫公告，共有兩張，以黑色書法字寫在紅紙上。其中一張明示「奉本廟 天上聖母聖諭 因此次疫情不可輕視，公事日暫停……」、另一張為「因應武漢疫情，本廟之應變作為」包括入廟之防疫措施、取消平安宴以及年度典儀一切從簡等說明。

現在的朝興宮温陵廟，為朝興宮、温陵廟兩廟合併，左圖為日本時代温陵廟的外觀。朝興宮、温陵廟皆可溯源自清領時期，朝興宮主祀湄洲開基三媽，舊廟在營仔脚，在今臺南協進國小一帶，但僅是以竹架搭蓋的臨時性建築；温陵廟亦是主祀媽祖，來自泉州天后宮， 是府城三郊集團主祀之廟，後因三郊解散，土地變賣，1957年廟被拆。而當時朝興宮代表黃丁胖先生謀合兩廟，由朝興宮捐地、温陵廟出廟材，於1964年建於現址，廟名全稱為「三郊營仔脚朝興宮温陵廟」，但目前因廟體破損嚴重，將在原址重建，已於2021年年底舉辦出火儀式，把神尊請到臨時行館安座，右圖為朝興宮温陵廟現況。（左圖：館藏號 2004.028.3116、右圖：蘇峯楠攝）

爲因應二〇一九年年底以來的COVID-19疫情，臺史博於二〇二〇年四月組成「COVID-19（武漢肺炎）防疫資料蒐集計畫」（以下簡稱COVID-19蒐藏計畫），著手蒐藏行動。這場疫情歷經三年、造成全球約六百八十萬人死亡，各國面對疫情採取不同的措施，期間人們面對防疫物資的短缺、封城、居家辦公／上課、宗教活動停辦、人與人要有安全距離或依賴隔板才能互動等限制。

《公事紀錄簿》vs. 政府防疫措施

爲記錄防疫公告的故事，筆者拜訪朝興宮溫陵廟，得知這兩件防疫公告是依據神明降駕指示，由廟方人員曾永坤先生以毛筆寫在紅紙上公告於廟方公佈欄。曾永坤先生更提供《公事紀錄簿》，鉅細靡遺的說明每場與疫情有關的公事，神尊指示防疫措施，當中也穿插著衆神爲信徒們解決的疑難雜症。

看著這些公事紀錄，不禁想著人們從哪些管道了解／想像疫情狀況、防疫措施？是疫情指揮中心的記者會？還是社區、公司、學校或宗教場所等的公告？

朝興宮温陵廟的《公事紀錄簿》中，記載著神明降駕的簡短話語，精簡卻有力地道出臺灣疫情的樣態、甚至如預言般提醒信眾，對照著實際的疫情發展和防疫政策，三年來的疫情歷歷在目。

庚子年農曆二月二十日（二〇二〇年三月十三日）

二媽：聖誕日以內部人員進行即可，不用請上神、香火，二媽會處理賠罪。

三媽：聖誕之事，一切簡單，人與人之間要體諒，不要互相生氣，言多必失，此次疫情非簡單之事，會有大事。

二媽：再言一次，聖誕簡單就好，過平安橋之事，可以符水替代，大戲取消、吃桌取消，交陪境插燭取消。

庚子年農曆三月四日（二〇二〇年三月二十七日）

四媽：吾言：眾弟子要注意此次疫情，吾在外處理，此次眾弟子要謹慎。

庚子年農曆三月七日（二〇二〇年三月三十日）

二媽：公事日先暫停，如要恢復，二媽會再言，對內有公事，依舊辦。另有一事交代，廟祝保護自己，盡量減少與信眾的肢體接觸。

聖王言：眾弟子要多注意，近期好兄弟多，吾無法全顧，眾弟子能防就防。

二〇二〇年年初這三則公事紀錄，即點出此次疫情會很嚴重，亦是本文兩件防疫公告的內容來源。農曆三月「媽祖生」（聖誕日）雖然是媽祖廟的重要祭祀、交陪月份，但因爲疫情關係，神尊降駕交代信衆一切從簡。

臺灣於二〇二〇年一月二十日成立「嚴重特殊傳染性肺炎中央流行疫情指揮中心」，指揮中心自三級逐步提升爲一級開設，並由時任衛生福利部部長陳時中擔任指揮官。且因全球疫情升溫，進行入境旅客管制，二月啟動口罩實名制。各大媽祖廟於農曆三月的遶境活動皆延期，大甲媽、白沙屯媽祖分別延至農曆四月二十一日、五月十五日。

庚子年農曆十二月四日（二〇二一年一月十六日）

二媽：一、下次公事日聖母下。二、出五張符……，此五道符在送神之日要貼於五營（晚上十二點），貼前稟香。三、千順將軍不可收。……。六、賜福一事，今年停，找替代方案。七、今年完，眾弟子好好休息，明年會累……吾還是一句話：冷靜。（千順將軍：千里眼、順風耳）

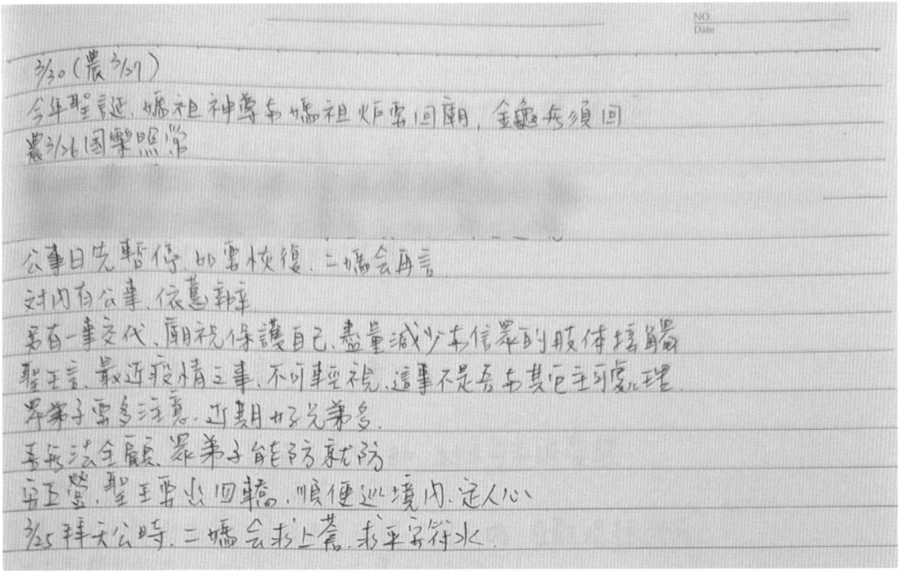

NO.
Date

3/30（農3/27）
今年聖誕，媽祖神尊和媽祖炉需回廟，鑾轎須回
農3/26 國樂照常

公事日先暫停，如需恢復，二媽会再言
村內有公事，依舊辦理
另有一事交代，廟祝保護自己，盡量減少和信眾到肢体接觸
聖王言，最近疫情之事，不可輕視，這事不是吾和其它主可處理
眾弟子要多注意，近期好兄弟多
吾無法全顧，眾弟子能防就防
安五營，聖王要出四轎，順便巡境內，定人心
3/25 拜天公時，二媽会求上蒼，求平安符水

◓ 左為2021年底朝興宮温陵廟為重建廟體，臨時安置神尊的行館。朝興宮温陵廟的媽祖聖誕活動為農曆三月二十六日（右圖），與一般媽祖生三月二十三日不同，此為因為媽祖廟眾多，體恤信徒要在同一日請到戲班等並不容易，因此往後延三天。1964年兩廟合併後，其主祀神尊於合併後重新排序，原温陵廟大媽、二媽、原朝興宮的三媽，依序為朝興宮温陵廟的大媽、二媽、三媽，原温陵廟的三媽為四媽，以此類推；而二媽的駕前護宮廣澤尊王，又稱廣澤七尊王，曾降駕自述因其上有六名姐姐（大媽至六媽），其排行第七。（蘇峯楠、曾婉琳攝）

◒ 朝興宮温陵廟的《公事紀錄簿》，廟方人員於公事日先寫下當日公事狀況草稿，日後再謄寫至《公事紀錄簿》，此簿為一般A4尺寸橫格記事本。廟方因應信徒有關婚慶、祈福等問事給予指示與解憂是為公事，朝興宮温陵廟每週五晚間8點有公事服務，主要為二媽、三媽（聖母）降駕，廣澤七尊王（聖王）等神尊有時亦會降駕共理。（朝興宮温陵廟提供，曾婉琳攝）

庚子年農曆十二月十日（二〇二一年一月二十二日）
活動皆停，初一不用打香案桌。出四轎，開基池王坐，千順將爺隨兩旁。

辛丑年農曆三月十五日（二〇二一年四月十五日）
二媽：下次公事日，人數要減少……所有科事都要小心防疫，已經無所不在。

辛丑年農曆四月三日（二〇二一年五月十四日）
二媽：吾言此次公事是最後一次對外。……吾之前有言疫情未完全，眾弟子要注意。……。出符化飲，不可超過三日，非常重要。向信徒言，不可前往人多的地方。初一、十五誦經暫停。

辛丑年農曆六月二十八日（二〇二一年八月六日）
聖王交代幾件事：
一、一波未平、一波又起。（疫情）
二、農七月，吾要坐中，王令加黑令旗。……

二〇二一年年初神尊降駕即預告了之後一年的疫情嚴竣、信衆會辛苦。年中，聖王（廣澤尊王）降駕指出疫情未平，嚴陣以待。

二〇二一年一月國際出現變異病毒，傳染力變強；臺灣開始出現本土案例，亦有醫院感染事件，並訂定《疫情警戒標準及因應事項》，將疫情警戒狀態分爲一至四級，數字越高防疫措施越嚴格。三月底疫苗開打。各媽祖廟的遶境活動照常舉行（大都在農曆三月、國曆四月），惟臺灣於五月出現不明感染源，推出「臺灣社交距離APP」控管行蹤及社交距離；全國疫情警戒短短幾天從二級升至三級，啟動居家上課、線上學習、分區辦公、餐廳取消內用、休閒場所關閉等，並多次延長，直至七月二十七日才降至二級，並延長至二〇二二年二月二十八日。

壬寅年農曆三月二十二日（二〇二二年四月二十二日）

二媽：……過平安橋防疫務必做好……

壬寅年農曆四月六日（二〇二二年五月六日）

二媽：誦經團可暫停，眾弟子要自己多小心，這乃眾神無法擋之事。

壬寅年農曆四月十三日（二〇二二年五月十三日）

二媽：公事停，除了急事之外，如有急要恢復，由主委、總幹事請示……

二〇二二年在媽祖聖誕前神尊降駕指示防疫要做好，並再次預告了疫情會變嚴重，對外公事再次暫停，直至農曆十一月九日才恢復公事。

二〇二二年年初陸續放寬管制，部份休閒娛樂場所出示接種疫苗紀錄就可以進入；三月一日取消疫情警戒分級、四月取消進出商店及公共場所實聯制、五月實行以快篩取代PCR。臺灣從四月中開始，每天確診人數皆破千人，至五月底出現每天確診人數八萬多人的高峰，大多數爲輕症。年中之後，各項防疫措施陸續鬆綁，在高確診人數及二年多來的防疫習慣下，口罩、酒精已是出門必備。

二〇二三年進入後疫情時代、與病毒共存，五月一日疫情指揮中心解編。

存在於生活中的歷史

拜訪廟方時，他們直言，如果博物館沒收藏這兩張「防疫公告」，屆時也是丟掉，但這兩張「防疫公告」見證了這場世紀大疫情，也是常民的生活記憶，而現實中，歷史應與生活是不可分割，才是「活的」（living）歷史。

歷史事件不是只有一種面貌，這兩件防疫公告，承載了朝興宮温陵廟信衆的防疫記憶，或許也可以給後世的人對這三年的防疫／抗疫生活，多點不一樣的想像。（曾婉琳、林芳群）

18世紀中後期

20 長崎版畫——荷蘭人與來自咬𠺕吧（雅加達）的僕從

1760

官府於臺灣中、北部劃定藍線番界。

1786

林爽文事件爆發。

1812

噶瑪蘭廳成立

21 建興庄公館賞生番賞壹號與賞伍號木籤

1823

中部岸裡社等原住民社群共同簽訂集體前往埔里盆地開墾的契約。

連續豪雨，台江內海浮覆爲陸地。

1850

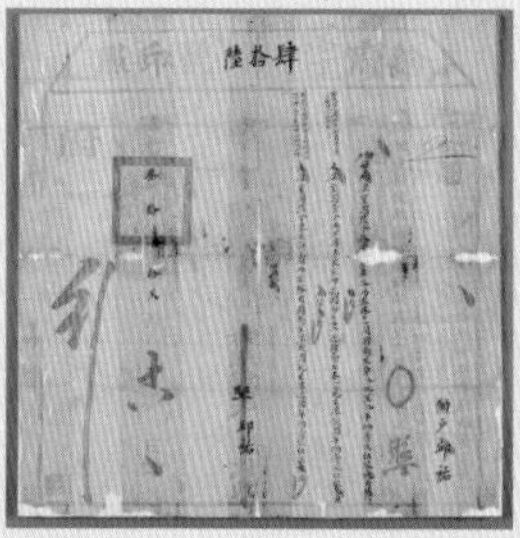

26 道光三十年墾戶邱祐墾照

1858

清朝與各國簽訂條約，淡水、安平等地開港。

1861

西班牙道明會在萬金設立據點。

1862-1883

27 約翰古爾德繪〈臺灣藍鵲〉

1862

戴潮春事件爆發。

1865

英國長老教會宣教士馬雅各來臺行醫傳教。

1867

羅妹號事件，美國商船在南台灣沿海遇難。李仙德與卓杞篤簽訂〈南岬之盟〉。

英國長老教會牧師李庥抵達打狗。

1884 清法戰爭爆發，法軍攻擊基隆、淡水。

1883 鵝鑾鼻燈塔興建完成。

1879 臺北府治由竹塹城（今新竹市）移至臺北。

1875 清軍開闢八通關越嶺道路，增設臺北府，沈葆楨來臺辦理新政。

1874

01《東京日日新聞》七百二十六號

日本出兵恆春半島長達半年，是爲牡丹社事件。

1871 琉球國漂流民於恆春八瑤灣一帶上岸遇難，史稱八瑤灣事件。

1868-1898

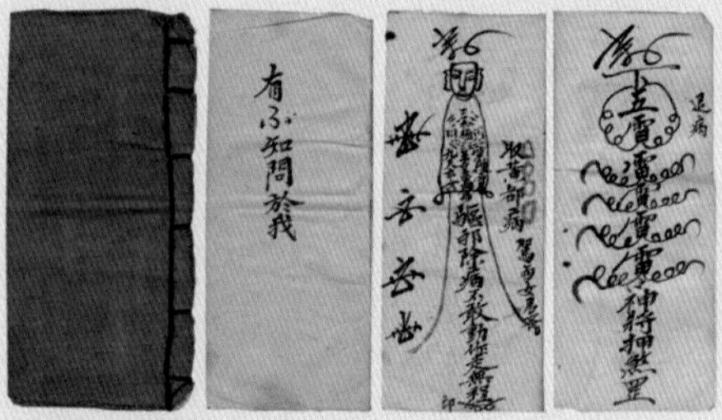

11 張家《有不知問於我》

12 臺南府正堂執事牌

1887

清朝設立福建臺灣省。

1894

臺北正式成爲省會。

13 補碗與玉環攤

1895-1945

1895

甲午戰爭清國戰敗，簽訂《馬關條約》，臺灣割讓日本，

乙未戰爭在臺爆發。

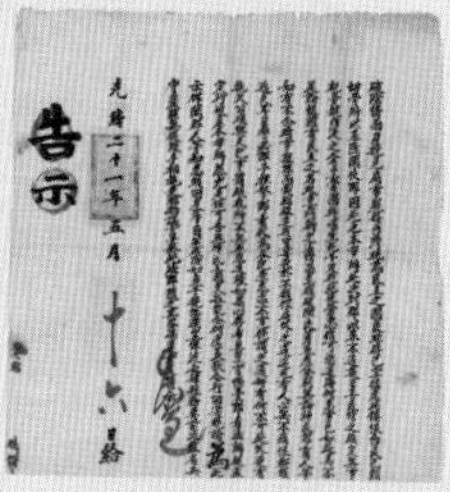
告示
光緒二十一年五月
十六日

02 劉永福為臺灣民主國成立曉諭臺灣人民告示

22 宣教師巴克禮名片

1898

臺灣總督府首度舉辦日本物產博覽會。

臨時臺灣土地調查局成立，進行地籍調查和製圖。

臺灣總督府民政部
新設蕃務本署。

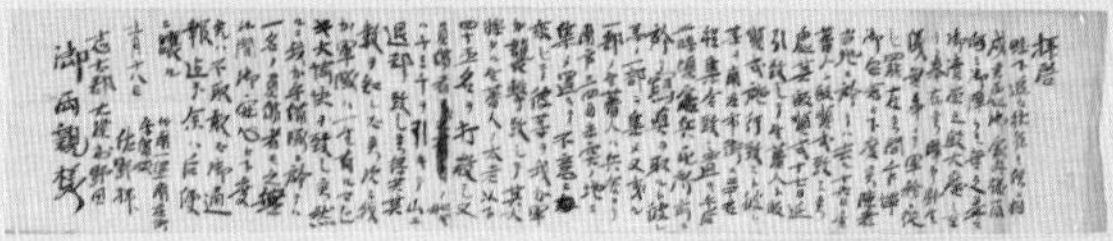

04 明治三十五年佐野龜吉寄給親人家書

臺灣總督佐久間佐
馬太上任，積極推
動「理蕃」事業。

14 林家單桅手撐船

臺灣縱貫鐵
路通車。

南庄事件爆發。

1909 | 1908 | 1906 | **1904** | **1902** | **1901** | **20世紀初**

臺灣總督府展開首
次大規模蕃地測量
與製圖行動。

15 總督府殖產局出版
《福爾摩沙烏龍茶》

03 伊富貴石松
《義顯歷史》

日本陸軍參謀本
部陸地測量部，
決定在臺灣展開
三角測量與製圖
工作。

1919-1945

16 金足成祖舖銀製竹筏

1910 臺灣總督府接手興建阿里山鐵路。

1912 阿里山森林鐵路通車。

1915 噍吧哖事件爆發。

1919 臺南實施町名改正。

1920 臺灣地方制度改正。

1920 嘉南大圳工程動工。

1921 臺灣文化協會成立。

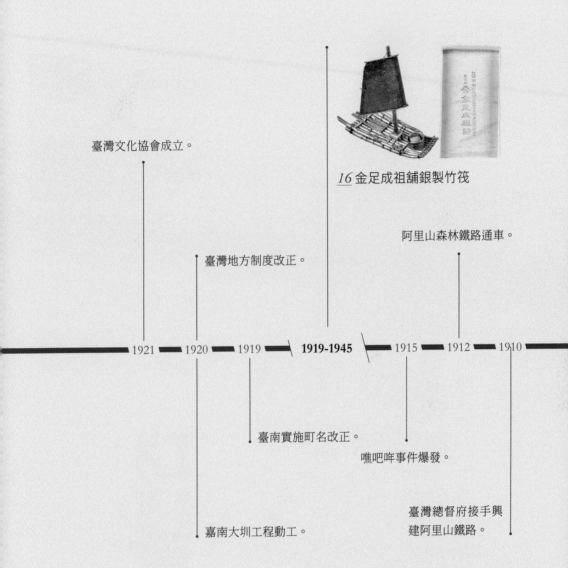

05 蘇百齡昭和十八年十一月二十二日寄蘇長齡信箋

日本攻擊美國夏威夷珍珠港，太平洋戰爭爆發。

盧溝橋事件爆發，中日戰爭開始。

28 北浦義三拍攝臺東里壠水道施工情形底片

1943 | 1942 | 1941 | 1937 | **1932** | **1931-1935** | **1926-1932**

新高山阿里山國家公園成立。

滿州國成立。

17 昭和六年至昭和十年張星賢日記

爲紀念昭和天皇對歐美國家宣戰，日本內閣決議將每個月八日訂定爲「大詔奉戴日」。

二二八事件爆發。

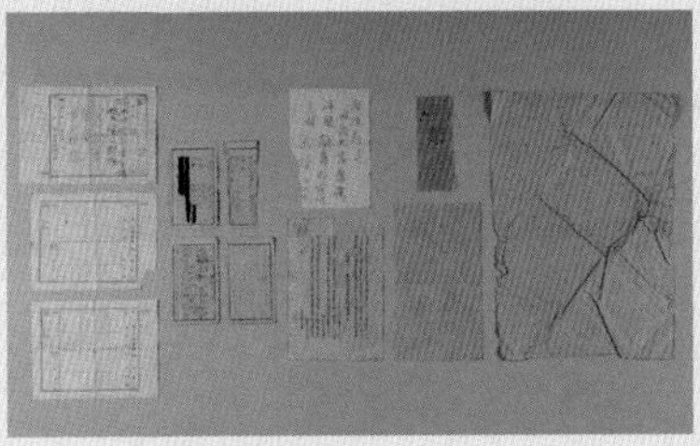

07 陳澄波遺書

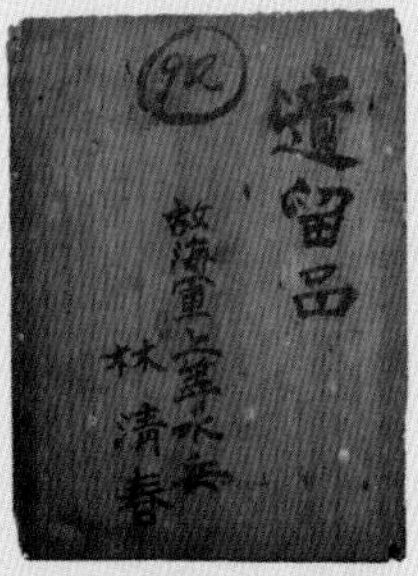

06 臺灣人日本兵
林清春遺物盒

正式廢除臺灣總督府官制。

1949 | **1947** | 1946 | **1945-1965** | 1945 | **1944-1945**

臺灣地區受降典禮，
國民政府接收臺灣。

中國國民黨失去中國大陸政權，但
仍保有海南島、金門、馬祖，以及
浙江沿海舟山群島、大陳島。

18 林何賽秋勝家model 555 編織機

23 西拉雅族白底肚兜

08 一九五四年《奔向自由》影片

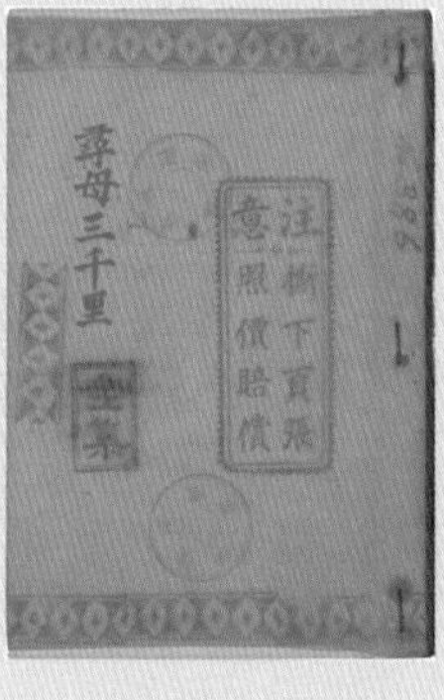

09 《尋母三千里》

1960年代之前

1958

中華人民共和國對金門展開砲戰，第一次臺海危機。

1955

大陳島軍民撤退臺灣。

1954

中華民國政府與美國簽訂《中美共同防禦條約》。

1952

日本與同盟國成員簽署《舊金山和約》。

1951

美國開始對臺灣提供軍事與經濟援助。

美國在太平洋的恩尼威托島進行首度氫彈試爆。

1949

五月二十日零時起，臺灣省實施戒嚴。

中華人民共和國成立。

29 祁家威自費印製「危險倍減・快樂倍增」反愛滋海報

19 沈家落地型壓麵切麵機

1988 — 解除報禁。

1987 — 開放兩岸探親，由中華民國紅十字會受理民眾登記。

1980-1990 — *29* 祁家威自費印製「危險倍減・快樂倍增」反愛滋海報

1979 — 美麗島事件爆發。

1971 — 中華民國退出聯合國。

1960年代 — *19* 沈家落地型壓麵切麵機

2000

中華民國第十屆總統選舉，由民主進步黨陳水扁、呂秀蓮當選，爲第一次政黨輪替。

1996

中華民國第九屆總統選舉，爲第一次總統、副總統的公民直選，由中國國民黨提名的李登輝、連戰當選。

1992

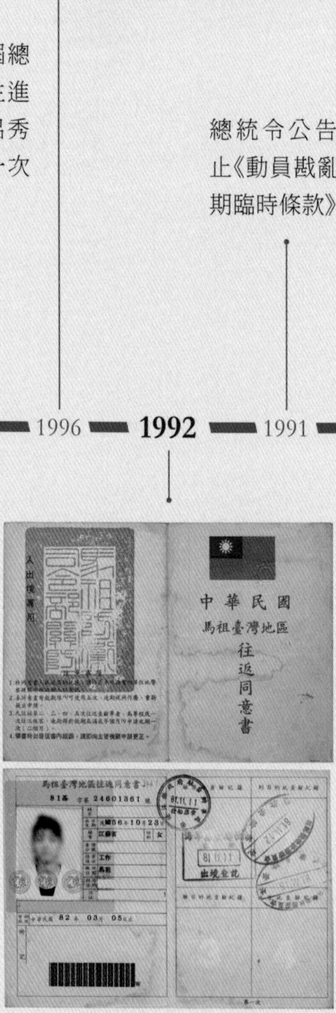

24 中華民國馬祖臺灣地區往返同意書

1991

總統令公告廢止《動員戡亂時期臨時條款》。

1990

學生前往中正紀念堂靜坐抗議，正式掀起野百合三月學運的序幕。

1989

《自由時代》雜誌負責人鄭南榕於雜誌社辦公室自焚。

1989-1991

10 「掃除黑名單還我返鄉權」示威橫幅

25 印尼貨運行JAYA NUSANTARA EXPRESS照片集海報

中正紀念堂改名爲「國立台灣民主紀念館」，並卸下「中正紀念堂」匾額，以及將大門牌樓的「大中至正」改爲「自由廣場」。2008年中國國民黨再次執政後，又重新復名爲「中正紀念堂」，惟大門牌樓仍維持「自由廣場」字樣。

2020-2022 — **2017** — 2014 — 2007

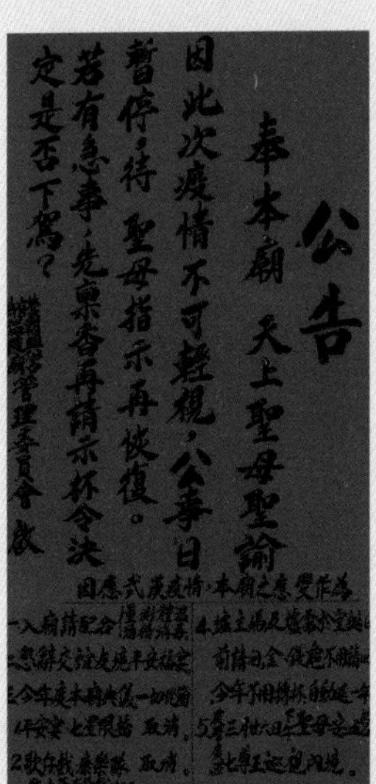
公告
奉本廟 天上聖母聖諭
因此次疫情不可輕視，公事日
暫停，待 聖母指示再恢復。
若有急事，先稟香再請示杯令決
定是否下駕？

30 三郊營仔脚朝興宮温陵廟防疫公告

爲抗議《海峽兩岸服務貿易協議》未審查卽存查，三月十八日晚間學生占據立法院議場。此場因「反服貿」而起的抗爭活動，占領立法院二十四天，於四月十日撤出立法院，被稱作太陽花學運、三一八公民運動等。

作者簡介

主編✦石文誠

國立臺灣歷史博物館副研究員。國立成功大學歷史學系博士。博物館的工作目的是要跟眾人的生活產生更多的關連與影響力，我們的館藏與書寫，能產生怎樣的效益與影響力？而不只是把故事說完寫完。這是「博物館歷史學」所需思考與面對的。

作者群✦（依姓名筆畫順序排列）

呂怡屏

國立臺灣歷史博物館研究組助理研究員。日本總合研究大學院大學文化科學研究科博士，從事人類學轉博物館學研究，而今於歷史博物館工作。工作上聚焦於博物館與社群間互動關係的建立，藉由館藏品活化運用，發掘過去現在臺灣人的故事。關注歷史中的族群關係以及當代社會中的臺灣原住民。

邱保周

中洲寮邱氏家族第七代人，退休人士。三十年來致力尋根求譜，意外對在地文史產生濃厚興趣，進而發現人人都可以為自己寫故事，故事也成為歷史的一部分。

周宜穎

國立臺灣歷史博物館展示組助理研究員。建築歷史與古蹟保存背景出身。研究博物館戲劇詮釋與展示。目前擔任博物館長工 aka 展示策展人。番茄醬工作法的實踐者。

林芳群

國立臺灣歷史博物館數位創新中心小夥伴。歷史學與博物館學背景出身，喜愛臺灣豐富多元的文化記憶。

林潔琪

國立臺灣歷史博物館公共服務與教育組助理研究員。因為學習建築而迷上萬國博覽會，也因此愛上博物館。

張安理

國立臺灣歷史博物館研究人員。國立臺灣師範大學歷史所碩士，深信歷史的本質是想像力及科學性缺一不可，深陷十九世紀世界的魅力不可自拔，或許正因如此，目前致力於研究與創作臺灣涉外歷史為主題的虛擬展演。

張育君

國立臺灣歷史博物館專案助理。近期關注地方生活物件中所反映的物件材質及地方知識，期待未來能向更多職人請教。

張育嘉

國立臺灣歷史博物館數位創新中心專案助理。國立臺灣師範大學臺灣史研究所碩士。在某一次的研究所課程中首次踏上金門，開啟了自身對於金門的興趣與研究，希望未來有機會可以鑽遍金門的碉堡和坑道，好好探險一番。

張淑卿

國立臺灣歷史博物館典藏近用組副研究員兼組長。從傳統藝術和文化資產研究出發，來到了博物館工作，不斷轉換跑道，學習成為一個專業的博物館人。

張鈞傑

國立臺灣歷史博物館典藏近用組專案助理。希望每天都是能看到星星的好天氣。

張銘宏

目前是一位博物館的木質器物類藏品修護人員。

莊梓忻

國立臺灣歷史博物館研究組專案助理。喜歡品嚐各地美食，透過食物認識一地發展脈絡與文化特色，研究關注日常生活、討論飲食文化，記憶與認同之關聯。

陳怡宏

國立臺灣歷史博物館研究組研究員。國立

臺灣大學歷史學系博士，學院歷史學徒出身，做「土匪」研究起家，到博物館工作後，每天接觸奇奇怪怪的文物與其背後的故事，研究關注政權轉換時期與日治時期臺灣史。

陳怡菁

國立臺灣歷史博物館研究組助理研究員。喜歡在博物館尋找物與人的連結，讓個體看見的自身價值所在。

陳彥碩

南漂臺南的臺北人，關注當代社會文化議題的公共參與和數位創新科技的跨領域實作。現職為國立臺灣歷史博物館數位創新中心約聘研究員，推動「國家文化記憶庫 2.0」。

陳韋利

關注典藏管理、數位人文及歷史文化跨領域結合，熱愛歌仔戲、3C 和文具，現職為國立臺灣歷史博物館數位創新中心專案助理。

陳靜寬

國立臺灣歷史博物館研究組副研究員。國立中興大學歷史學系博士，關注地方區域歷史發展，藉由博物館的技術協助地方文化的認同，從博物館的藏品看見地方、看見人們、看見生活，了解臺灣文化的珍貴與價值。

曾婉琳

國立臺灣歷史博物館公共服務與教育組助理研究員。在博物館各組室間移居、吸收養分，從中學習用各種方法關注當代，以及與當代對話的技巧。

黃悠詩

國立臺灣歷史博物館漫博組組員。負責國家漫畫博物館籌備相關業務，包含口述訪談、研究資料盤整、資料庫設計、展覽策劃等。希望可以用歷史學改變世界。

葉前錦

國立臺灣歷史博物館典藏近用組副研究員。

專長典藏管理、藏品編目研究。認為文物保存是歷史的傳承，每個文物都有它的故事，件件都有其珍貴的理由、美麗的所在、製作的點滴和背後的意義。

劉維瑛

國立臺灣歷史博物館研究組助理研究員。專長臺灣文學、性別研究，關心由臺灣故事帶路的江湖，人們與物件，以及所有涉及的林林總總。

鄭勤思

博物館紙質與東方繪畫類文物修護人員。藝術史、古物維護背景出身，搭建文物研究與科學之間的橋樑，希望在上頭來往的人們能越來越多。

廖伯豪

國立臺灣歷史博物館研究組研究助理。國立成功大學歷史學系博士候選人。過去亦曾服務於各級博物館舍，深知博物館典藏之物的解讀往往不只有單一途徑，致力透過歷史學、藝術史、考古學、文物保護科學等跨域型整合研究，讓物質文化知識的建構能有更多可能。

錢乃瑜

國立臺灣歷史博物館展示組研究助理。國立清華大學人類學碩士。自人類學進入博物館，歷經了從「跑田野的人」轉變為「轉譯工作者」，期待從物的解讀及展示中，解壓縮出其中隱蔽的動態社會關係，勾勒出活生生的那些故事與生命當下。

蘇峯楠

漫步照相者，放空愛好家，以及一個只要吃到正統府城碗粿（再配個魚羹），就能深刻感受到滿滿生存意志的臺南人。

看得見的臺灣史・人間篇
30件文物裡的人情與世事

策　　劃　國立臺灣歷史博物館
主　　編　石文誠
作　　者　石文誠、呂怡屏、邱保周、周宜穎、林芳群、林潔琪、張安理、張育君、張育嘉、張淑卿、張鈞傑、張銘宏、莊梓忻、陳怡宏、陳怡菁、陳彥碩、陳韋利、陳靜寬、曾婉琳、黃悠詩、葉前錦、劉維瑛、鄭勤思、廖伯豪、錢乃瑜、蘇峯楠

策劃發行　國立臺灣歷史博物館
發 行 人　張隆志
編輯團隊　石文誠、陳怡宏
行政統籌　黃裕元
校　　對　石文誠、陳怡宏、李文媛、鄭勤思
科學檢測　鄭勤思、張銘宏
藏品數位化　杜偉誌、呂錦瀚、顏語彤、耀點設計有限公司

編印發行　聯經出版事業股份有限公司
特約編輯　謝達文
內頁排版　ivy_design
封面設計　ivy_design

副總編輯　陳逸華
總 編 輯　涂豐恩
總 經 理　陳芝宇
社　　長　羅國俊
發 行 人　林載爵

二〇二三年八月初版・二〇二四年五月初版第二刷
共同出版　國立臺灣歷史博物館、聯經出版事業股份有限公司

國立臺灣歷史博物館
地　　址　709025 臺南市安南區長和路一段 250 號
電　　話　06-356-8889
傳　　真　06-356-4981
網　　址　https://www.nmth.gov.tw

聯經出版事業股份有限公司
地　　址　新北市汐止區大同路一段 369 號 1 樓
電　　話　02-8692-5588
傳　　真　02-8692-5863
網　　址　https://www.linkingbooks.com.tw
電子信箱　linking@udngroup.com
行政院新聞局出版事業登記證局版臺業字第 0130 號

Printed in Taiwan
文聯彩色製版印刷有限公司印製
本書如有缺頁、破損、倒裝請寄回臺北聯經書房更換

定價：四九〇元

ISBN 978-986-532-853-5
GPN 1011201006

國家圖書館出版品預行編目資料

看得見的臺灣史．人間篇：30件文物裡的人情與世事/
石文誠主編，石文誠、呂怡屏、邱保周、周宜穎、林芳群、林潔琪、張安理、張育君、張育嘉、張淑卿、張鈞傑、張銘宏、莊梓忻、陳怡宏、陳怡菁、陳彥碩、陳韋利、陳靜寬、曾婉琳、黃悠詩、葉前錦、劉維瑛、鄭勤思、廖伯豪、錢乃瑜、蘇峯楠著．初版．
臺南市：國立臺灣歷史博物館；新北市：聯經．2023年8月．288面．17×23公分
ISBN 978-986-532-853-5（平裝）
[2024年5月初版第二刷]

1.CST：臺灣史

733.21 112011328